대한시문학 시화집 제1호

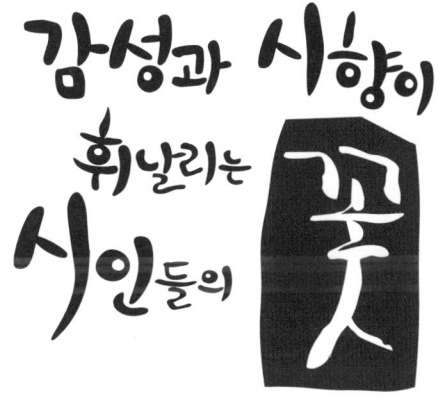

시화집 발간 축사 및 75명 시화

참여 시인 사진

대한시문학협회

참여 시인 사진

대한시문학협회

발행인의 글

유정미/대한시문학협회 회장

봄빛에 산수유가 출렁이고 벚꽃이 소녀의 볼처럼 물든 날에 민의와 정의를 구현하는 국회에서 대한시문학협회의 시화집 출판기념회 및 시 낭송회를 개최함에 의미가 깊다고 봅니다.

작년 11월 인사동 신상 갤러리에서 시화 전시된 50분의 작품을 주축으로 시와 그림이 숨 쉬는 시화집 제1호를 발간함에 기쁨으로 화사한 바람을 맞고 있습니다.
좋은 시로 참여해 주신 75명의 시인들과 아름다운 그림과 사진을 재능기부해 주신 안창수 화백, 배명식 화가, 백지희 화가, 현현순 화가, 김진태 사진 작가, 백운수 사진 작가에게 심심한 감사를 표합니다.
맑은 영혼을 노래하는 시문학을 통해 메마른 시대에 감성을 깨우고 시대적인 현상을 직시하며 다시 꿈을 그리며 이 시대를 정화시키는 창조적인 시 역사가 일어나기를 소망해 봅니다.

한마음과 한뜻으로 시문학을 통해 호흡하며 은은한 달빛처럼 시의 향기에 취하는 설렘을 맛보기 바라며 시어를 뿌리는 날에 축배의 잔을 올립니다.

권두언

안희환/대한시문학협회 회장

대한시문학협회가 무럭무럭 자라나는 것을 보면서 큰 기쁨을 느끼게 됩니다. 유정미 회장님을 포함한 모든 임원진들께서 마음을 모아 힘써 일해주시기에 가능한 일입니다. 이렇게 지면을 통해서 감사의 인사를 드립니다.

대한시문학협회가 이번에는 시화집을 내게 되었습니다. 시인님들의 곱고 아름다운 시들을 엮어 내게 되는 시화집은 시 전문잡지 시인마을의 발행과는 또 다른 측면에서 대한시문학협회의 자랑이 될 것입니다. 이번을 시작으로 계속해서 시화집을 내는 과정이 이어진다면 시를 쓰는 시인님들의 역량도 한층 강화될 것이고 좋은 시들은 사람들에게 더욱 널리 알리는 데도 큰 보탬이 될 것입니다.

세상이 급박하게 돌아가고 먹고사는 생존 문제가 전쟁터처럼 치열하게 발생하는 작금에 잠시 멈추어 서서 시화집에 실린 시를 읽어볼 수 있다면 그것만으로도 위안과 용기가 생길 것입니다. 시인님들께는 자신의 아픔과 기쁨, 삶의 흔적을 시에 담는 것만이 아닌 그런 시를 통해 삶에 지친 사람들을 위로하고 용기를 주는 사명이 있는데 이번 시화집이 그런 기능도 감당하리라 믿습니다.

멋진 시들을 보내주신 시인님들께 감사를 드립니다. 앞으로 시화집의 시를 읽으실 분들께 시화집을 자신 있게 권합니다. 척박한 세상에서 영혼을 살찌우는 생명의 양식으로 시화집의 시들을 읽어주실 것을 기대합니다.

격려사

이석/대한시문학협회 고문

추운 겨울 지나고 만물이 소생하는 춘 사월에 대한시문학협회의 시화집 발간을 축하드립니다.
수일 전에 이육사의 광야의 시가 모든 이들에게 화자되고 있었습니다.
제가 인터넷을 통하여 이육사에 광야를 읽고 외우며, 그 시대의 정신을 읽게 되었습니다.
그리고 그분에 대하여 공부를 했습니다.
시는 인간에 마음을 깊이 헤아려 움직이는 가장 멋진 언어로 생각합니다.
이번 시화집 출판기념회가 특별히 국정을 논하는 국회에서 개최함에 큰 의미와 뜻이 있다고 생각합니다·
작년에 인사동 신상갤러리에서 시화 전시회에 이어 금년 시화집 준비하시느라 애쓰시는 유정미 회장님과 안희환 목사님, 그리고 추원호 사무총장님과 준비위원님들의 노고에 치하드리고, 멀리서나마 감사 인사 올립니다. 항상 대한시문학협회가 날로 발전하고 일취월장하는 모습에서 큰 기대와 희망이 엿보입니다. 시문학을 사랑하는 문우님들, 가슴 깊이 와닿는 글을 창작하여 시문학의 저변 확대하는데 앞장서 주시고 꿈과 희망을 줄 수 있는 대한시문학협회 회원님들 되시길 기원드리며, 기해년 봄날 뜻깊은 시화집 발간을 다시 한번 축하드립니다.
항상 건강하시고 만사형통하시길 기원드립니다.

격려사

노벨 문학상을 도전하는 정신으로

김진태/대한시문학협회 고문

대한시문학협회가 창립한 지 3년에 들었다.

창립한 후 시전문지 "시인 마을 5호" 출판기념회 및 문학상 시상식, 시 낭송회, 시화전을 비롯해 이번 시화집 1호 발행함에 앞서
노벨문학상을 도전하여 대한시문학협회 깃발을 하늘 높이 날리는
영광이 오리라 기대해 마지않는다.

문우들의 문필 함에 있어 아름다운 시어를 찾아 구사하는 회원들 되기를 바란다.

작가의 자세로는 어느 작가의 모방이나 유행어는 시어가 되어서는 안 될 것이며 예술의 어느 장르이든 모방하는 작가는 작가가 아니라고 감히 말하고 싶다.

아직 회원들의 변모는 보이지 않으나 시대 계절을 따라 변모의 모습이 보일 것이다.

사랑하는 대한시문학협회원 여러분!
앞으로 시 작업에 열정을 게으르지 않고 노력하는 문우들의 발전을 기대해 본다.

축사

이광복/소설가·한국문인협회 이사장

산과 들녘이 저마다 색과 향에 물들어 가는 4월의 봄빛 향연에 목련꽃 하얀 자태에 진달래꽃도 시샘하며 산자락 번지는 봄에 전령은 우리네 마음도 함께 물들어가는 약동하는 신록의 계절입니다.

이번 대한시문학협회 임원 및 회원들의 뜻을 모은 제1호 시화집 출간을 진심으로 축하드립니다. 대한시문학협회의 일취월장 저변에는 아프리카 가나에서 선교 교육 사업을 병행하며 동분서주하시는 아프리카의 흑진주 유정미 회장님과 소외받는 어려운 이웃을 위해 사랑과 복음을 전파하시는 박애주의자 안희환 목사님이 이끄는 쌍두마차의 열정은 임원진과 혼연일체가 되어 명실 상부한 문학단체로서 순수문학의 범주를 벗어나지 않고 진일보하고 있습니다. 특히 대한시문학협회의 한반도 심벌마크에서도 보여주듯 남북 간 문학 창달에도 물꼬를 터 백두대간 백의민족 정기가 하나가 되어 대동강 물이 한강으로, 한강 물이 대동강으로 합류하여 한민족의 얼을 하나로 묶는 남북 간 문학 창달에도 일익을 담당해 주시기 바랍니다.

시인 75분의 한 작품 한 작품마다 삶의 고뇌와 서정과 혼이 담겨있는 소중한 작품들입니다. 지금 시발점을 계기로 국내는 물론 남북 간 문학 교류 협력에도 일익을 담당해 주시기 바랍니다. 더불어 세계로 뻗어나가는 그러한 문학단체의 단초가 되어 주시고 모쪼록 오늘 첫 삽의 의미가 대한시문학협회의 미래지향적 발전에 큰 밑거름이 되어 가시길 기원합니다. 시화집 출판기념을 거듭 축하합니다. 감사합니다.

축시

별빛을 쳐다보며

신동일/대한시문학협회 부회장

밤하늘의 별빛을 쳐다보며
때 묻은 지난날의 발자국 되어
시화를 품은 채 가슴에서 가슴으로 흐르던 빛이여
발아래 밟혀온 그림자인 것을
새벽녘 풀잎에 맺힌 이슬인 양 발발 떨고 있네

행여
그 먼 길 향해 가는 질퍽한 노정이
형극의 길일지라도
두려움 절망의 담벼락을 넘고 넘어
대한시문협은 쉼 없이 정진하리라

끝이 없는 그 먼 먼 꿈길을
자박자박 소리마저 숨죽인 채
발자국을 남기리라

애끓던 그 불빛의 하염없는 기다림인 것을
내 안에 작은 무덤 하나만이
흔들어 깨우던 빛이 되고 영혼을 담아
어둠으로 둘러싸인 혼돈 사회의
우리 모두 주역이 되리라.

-2019년 4월 13일 라일락 향기 그윽한 봄날에-

축시

우린 누구였나

홍일권/대한시문학협회 부회장

시향에 흠뻑 젖어
시로 별을 헤아리던 우리
시의 선율에 풍덩 빠져
함께 놀았던 친구였지
꽃눈 흘러내리는 어느 날
시 나무 아래에서
온종일 그리워하다 만난
우리였잖아

더 이상 떠날 수 없어
시향의 연줄로
하늘 가슴에 달아 뒹굴다
시화집까지 만든 우리였지
미래의 꽃잎 쟁반에
마음 꽃도 올리고
우정 꽃도 쏟아부어
축배의 꽃잔을 들이켜 보세.

축시

시인의 꿈은 그림 속에서 쉼을 얻고

장달식/대한시문학협회 부회장

삶이 익어가는 길목에서
펜을 잡아
가슴속에 숨겨오던 꿈을
여의주를 얻은 용처럼 읊어낸 후,
붓을 들어
느낌을 선으로 그려내고
생각을 색으로 표현한
화백의 그림 속에 들어가
쉼을 구하는 행복한 시인이여!

그 꿈이 시화집으로 출판되어
사람들의 손길을 타고
힘겹고 지친 자들에게 다가가서,
색채가 고운 인생길로 안내하는
영혼의 등대가 되는
거룩하고 성스러운 시간이여!

목차

참가 인물 사진 ·············· 3

발행인의글 ·············· 5
유정미/대한시문학 협회 회장

권두언 ·············· 6
안희환/대한시문학협회 회장

격려사 ·············· 7
이석/대한시문학협회 고문

격려사 ·············· 8
김진태/대한시문학협회 고문

축사 ·············· 9
이광복/소설가·한국문인협회 이사장

축시 ·············· 10
신동일/대한시문학협회 부회장

축시 ·············· 11
홍일권/대한시문학협회 부회장

축시 ·············· 12
장달식/대한시문학협회 부회장

공고 ·············· 172
▶시전문지 시인마을 시인문학상
　및 문학상 공고

대한시문학회협회 조직 인사명 173

경달현 ·············· 17
인생 뭐 있어
인생은 바이킹과 같다

고안나 ·············· 19
홍시
사진
목련 연가

곽의영 ·············· 22
현실
파아란 하늘

권경자 ·············· 24
속삭임
나의 연인 장미

김기춘 ·············· 26
봄의 언덕에

김남희 ·············· 27
오월애愛 보리밭
청산도 오월
목련꽃 피는 밤

김두기 ·············· 30
무지개 돛단배
그날

김미성 ·············· 32
벙어리 장갑
귤을 먹다가

김선동 ·············· 34
나이아가라 폭포
아내 마중날

김성구 ·············· 36
마다가스카르로 가는 기차
마음의 강

김시온 ·············· 38
낡은 의자
한벗둥지

김 영 ·············· 40
고향의 봄 오면
통일로 달리는 코리아호

김영숙 ·············· 42
오늘 같은 날
그대란 이름으로
목련꽃 같은 내님아

김옥경 ·············· 45
연가
나는 가리라

목차

김의상 ······ 47
있잖아요
누구나 다 아는 행복

김중열 ······ 49
궁금
동백

김진태 ······ 51
바다가 보이는 카페에서
백목련

김혜숙 ······ 53
끝내 붉음에 젖다가
우리 넘어졌다고 해서

김화선 ······ 55
동트는 해처럼
버들개지 피는 계절이 가고

남석모 ······ 57
코스모스
봄의 여정

노　민 ······ 59
골프 라운딩

문장율 ······ 60
연리지連理枝
아침 시정

박상진 ······ 62
시계바늘
바다—그대 앞

박서영 ······ 64
봄소식
언젠가는

배대근 ······ 66
비 오는 풍경

배명식 ······ 67
네프킨 위에 적은 연서
봄길에서

배성근 ······ 69
홍련암

백성일 ······ 70
단풍잎에 시詩를 실어
세월
꿈꾸는 노총각

상화평 ······ 73
그리움
상고대
황후의 전설

서윤택 ······ 76
하늘 그리움
삶의 여백

송미숙 ······ 78
초롱꽃
황금 무지개

송미순 ······ 80
하늘을바라보며 -나의 기도-
생명의 나눔 (헌혈)
내 가슴에 핀 꽃

송정민 ······ 83
불면不眠
매화 연정

송현채 ······ 85
코스모스

신동일 ······ 86
매화찬梅花讚
플라타너스의 사랑

신순희 ······ 88
분재
송아지

안희환 ······ 90
여기까지 오다
그대는 진흙탕에 굴러도

목차

오문희 ················· 92
독거노인
슬픈 자화상

오복룡 ················· 94
4월의 소리
동심同心

유정미 ················· 96
그대가 그리움은
이별
한 떨기 매화

이기은 ················· 99
순이랑은 그랬어
난꽃
자운영

이기주 ················· 102
목련
목련이 피는 날에
등나무 아래서

이동춘 ················· 105
협화음을 위한 무대
어둠 속 마술사

이명희 ················· 107
안개 꽃
수선화

이병학 ················· 109
당신

이상철 ················· 110
꽃
꽃 향기의 추억

이서정 ················· 112
가을맞이
다시 시작하는 삶
목련

이수만 ················· 115
고향집의 환영
어머니의 호박죽

이순재 ················· 117
시골집
봄길

이연화 ················· 119
창
가을비
목련

이종식 ················· 122
뒹구는 인생
하얀 목련화

이진기 ················· 124
촛농으로 흐르다
묵시록 (죽은 영혼과의 만남)
떨림, 그리고 울림

이 현 ················· 127
그 이름만 부르네
매화 생명의 꽃

이현수 ················· 129
반추
광채
목련

임동일 ················· 132
노을녘의 강가
하늘로 향한 길

장달식 ················· 134
가을에 피는 꽃
살아 있음의 색채
하얀 목련은 밤사이 피어나고

전선경 ················· 137
봄비
수제비 뜨는 여자
봄까치꽃

전위영 ················· 140
꽃별
기다리는 봄

목차

정석철 ──────── 142
아침햇살
임을 그리며

정유광 ──────── 144
영흥도에 와서

조남현 ──────── 145
화려한 외출
가는 년 오는 년

조달호 ──────── 147
석류
아버지

조영미 ──────── 149
손톱

차용국 ──────── 150
시가 있는 아침
삶을 위로하라

천영필 ──────── 152
눈과 인연
빌빌대다 벌벌대다

최미란 ──────── 154
목련

최성애 ──────── 155
마지막 눈물
구겨진 추억을 파면서

최은희 ──────── 157
수평선 등대

최인식 ──────── 158
꽃샘바람

추원호 ──────── 159
이명
토종 계란
목련꽃

한병옥 ──────── 162
가을
세월은 나를 흔들고

한웅구 ──────── 164
고향이라
감기

허신행 ──────── 166
절제된 아름다움으로

홍영순 ──────── 167
새로운 도전
고향의 단상

홍일권 ──────── 169
가을꽃
밤하늘에
돌담길

편집후기 ──────── 174

표지설명 ──────── 175

인생 뭐 있어

경달현

갈 길은
멀지만 걷는 자체가
인생이겠지

쉬어 갈 수도
그리고 웃으면서..
때론 돌아 돌아갈 수도

지금보단
더 웃는 날이 많을 거란
믿음으로...
쭉 가는 거야

살다 보면
생각한 대로 원하는 대로는
아니더라도 뭐
조금은 이루지 않을까

그게 어디야
녹녹치 않은 삶 속에서
인생 뭐 있어
즐기며 살아가는 거야

경달현
계간제3문학 신인상 수상(시부문)
(사)한국문인협회 회원/(사)시인들의샘터문학 회원/샘터문인협회 회원/문협괴산지부 홍보이사
(역)/사계속시와 사진이야기그룹 회원/백제문단 회원/한국문인크럽 회원/송설문학 회원/대한시문학협회 회원
시를 사랑하는 전국모임 회원상 수상
저서: 그리고 달력을 보다

인생은 바이킹과 같다

경달현

세상살이 잘 모르겠지만
놀이터의 바이킹과 같아
올라갈 때와 내려갈 때
항상 같이 움직이려 한다

행복과 불행은
서로 엎치락뒤치락
서로 앞서 나가려 애쓴다

하나도 바쁠 것 없는데
서로들 바쁜척하고
발발이처럼 부산한 나를
강아지 인생이라고 표현한다

자고 싶어도 못 자고
불면증을 겪으면서까지
사는 거에 욕심도 내봤어도
세월은 누가 뭐래도 강물처럼 흘러가는데

억지로 하지 말자
인생은 태어남과 동시에
욕심이라 집착이라고 그래
비우고 버리려 해도

사람인지라
그래서 힘든 거야
다 아는 얘기지만
감정의 동물이 사람이거든

홍시

고안나

일그러진 상처 앞에
구겨진 자존심을 본다

가지 장악한 채
점점 꽃이 되어가던
살집 좋은 몸통으로
햇살에 놀고 노을을 감았던
그 몸, 가지 이탈할 때
먼 산 때까치 목청 요란했다

뿔뿔이 흩어진 나무의 자식들
수런거리던 이파리 어디로 갔을까

밀고 당기던
가지 위의 시간
발화를 꿈꾸던
일그러진 영웅
계절이 목 움츠리며 지나간다

사진

고안나

가두고 싶은 기억의 방식입니다
입으로 할 수 없는 말
눈으로 주고받습니다
그대의 한순간을
포로로 잡아두는 과정입니다
내 기억이 풀꽃같이 말라 갈 때
내가 나를 잊어버렸을 때
느슨해진 기억의 포승줄을
잡아당길 도구입니다

봄여름 가을 겨울
나 피고 너 지고
너 피고 나 지고
그렇게 영원으로 이어지는
어느 길목
갇힌 자는 말없이
넌지시 나를 깨울 겁니다

보이는 얼굴과 그런 믿음이
다시 피는 봄입니다

고안나
1958년 출생
2010년 〈부산시인〉, 〈시예〉 등단
시집 '양파의 눈물'/시낭송집(cd) '추억으로 가는 길'
2017년 '중국 도라지 해외문학상'/2018년 '한중 문화예술교류공헌상'/2018년 한국을 빛낸 한국인 대상 수상(방송,신문기자가 선정한 시낭송가상)
대한시문학협회 회원

목련 연가

고안나

병상에 앉아 거울 보시던 울 엄마
딸 온다며 붉은 연지 꺼내어
입술 바르시고 목련 꽃처럼 환하게 앉아
창밖 바람을 불러들였다

올 때가 됐는데
차가 많이 밀리는 갑다
벌써 저녁때가 다 됐네
혼자서 묻고 답하고
그러다 슬며시 돌아누우셨다

이 핑계 저 핑계
며칠 만에 찾아가면
반가워서 울다가 섭섭해서 울다가
목련꽃 지듯 봄날은 가고

곱게 해라, 다 때가 있는 기다
마사지도 하고 파마도 해라
늙어 봐라 암만해도 고운 태가 않나
목련 꽃도 한때야

가고 없는 사랑을 부여잡고 엄마엄마
이제는 들을 수 없는 그윽한 그 목소리
보이지 않는 얼굴은 어디서 필까

현실

곽의영

시간이 훑고 간
빈 가슴에
등불 하나 내다 건다.

파아란 하늘

곽의영

차거운 바람이
앙상한 가지를 흔들어대니

하늘거린 봄바람
아지랑이 피어오르고

흰 구름 아래
몽우리 머금은 홍매화

작은 이슬방울은
꽃술에 맺혀 대롱져 있네

남녘 하늘 푸른빛
보석을 바라보듯이 피워낸다

仁軒 곽의영
한양 문학 「시 부분」 신인문학상 수상/대한 교육신문 2018년 교육 문학상 「시 부분」 우수상 수상/서울특별시 시의회 의장 「문화예술 발전 유공」 표창장 수상/·서울시 광진구청장 「문화발전 유공 및 효도」 표창장 수상
한양 문인회 상임부회장/대한시문학협회 회원

속삭임

권경자

잔잔한
물결 되어
캄캄한 파도 속은

이야기
풀어놓은
자그만 속삭임에

더 넓은
짙푸른 바다
속살처럼 빛나네

나의 연인 장미

권경자

하늘의 햇살 빛은
볼그레한 그녀의 얼굴
반갑게 맞아주면

한잎 두잎 사랑의 언어
겹겹이 쌓여 피어난 한 송이 꽃잎
나에게 눈 웃음을 보내고

장미 넝쿨의 세상사
연인의 안김 속은
긴 보따리 풀어헤치듯

담장 밑 소복이 피어나
화려하게 뽐내고
나의 두 볼과 같은 몽우리
사랑의 세레나데처럼 펼쳐놓아

시간이 존재함을 인내로 참고
붉은 장미의 5월은 문지기로 알았나 보다

清心 권경자
한양 문학「시 부분」신인문학상 수상/대한 교육신문 2018년 교육 문학상「시조 부분」우수상 수상/서울특별시 시의회 의장「문화예술 발전 유공」표창장 수상/서울시 광진구청장「문화발전 유공 및 효도」표창장 수상
한양 문인회 부회장 울산지부장/대한시문학협회 회원

봄의 언덕에

김기춘

그리움 타고
달빛에 실려 오는 나의 노래는
추위에 떨며 겨울 위에 앉아있다.

가슴으로 부르고
아스라이 다가오는
따스한 연녹색 봄의 향기로
이 밤 지새우며 마중 나와 본다.

바람 줄기에 흐르는
나의 마음
누군가의 문 앞에 놓고
맺어진 매듭을 풀어 보고 있다.

보일 듯
만져질 듯 느껴질 듯
감미로운 마음은
겨울과 봄의 언덕 위에 서성이고 있다.

청수 김기춘
대한시문학협회 회원

오월애愛 보리밭

김남희

인파로 북적대는 인사동 거리에서
멋진 신사를 만나
오월애愛 보리밭으로 숨어들어 갔는데요
어디에도 마음 터놓고
정담 나눌 장소 없어
남들 다 보는 길목에
눈치 없이 퍼질러 앉아
보리밥 보다 더 구수한
세상 사는 이야기
시간 가는 줄 몰랐는데요
보리밭 이랑 사이로 지나가던 바람
귓속말로 넌지시
이러다가 진짜로 정분나면
우짤라고예

청산도 오월

김남희

수평선 너머 배회하던 하늘
봄 길 타고 내려와
청산도 들머리
고갯길 휘감아
북채 장단 맞춰
서편제로 부활하는 청산도 오월

피아노 치는 청보리밭
이랑 베고 누운 바람
종달새
기억 더듬어
찾아드는 저물녘

보리밭이 키우는
생명 그,
고귀한 사랑

김남희
사천시 삼천포 출생
시 전문지 심상 등단(2011)
주요활동: 한국문인협회, 부산문인협회, 부산 시인협회, 심상, 작가와 문학
수상 : 최치원 문학상, 부산 시인협회 우수상, 한올 문학 본상, 작가와 문학 문학상,
  중국 도라지 문학상
저서 : 노을과 함께 물들어 가는 풍경 외 4권
대한시문학협회 회원

목련꽃 피는 밤

김남희

가로등도 없는 그믐밤이었어

낯선 골목길 돌아가는데
마음 길 밝히는 꽃 등불
가지 끝에 사뿐 앉아
하늘하늘 춤추고 있었어
담장 너머 기웃대던 바람, 덩달아
매듭진 옷고름 풀고 있었어

열아홉 가시나 젖몸살 난 그날처럼
목련꽃 벙 그는 밤
누군가 하늘 창 열고 빼꼼히 엿보는
실루엣 그림자
수작 거는 그대는
어둠 앞에 알몸으로 선 너였어

무지개 돛단배(Rainbow Sailing)

김두기

1. 은하수 강 돛단배 초록별에는
On a sailing boat of green planet in the river milky way
남북한에 어린이 사공이라네
The children of the Korean Peninsula are sailors
무지개 돛을 달고 서로 도우며
Hoisting the rainbow sail, helping one another
구름 속 헤쳐가요 통일 나라로
Going through the clouds towards the unified land

구름 속을 지나서 통일 나라로
Passed through the clouds towards the unified land
통일 나라 가며는 무엇을 하나?
Arrived in the land, what should they do?
철조망 거두어서 탑을 쌓고요
Gathering up the barbed wires to build peace tower
무지개 깃발아래 춤을 추어요!
Dancing together below the rainbow flag!

2. 은하수 강 돛단배 초록별에는
On a sailing boat of green planet in the river milky way
지구촌에 어린이 함께 탔다네
The children of earth are all on the same boat
무지개 돛을 달고 서로 웃으며
Hoisting the rainbow sail, smiling together
비바람 헤쳐 가요 평화 나라로
Going through the rainstorm towards the peaceful land

비바람을 지나서 평화 나라로
Passed through the rainstorm towards the peaceful land
평화 나라 가며는 무엇을 하나?
Arrived in the land, what should they do?
국경선 거두어서 그물 만들고
Gathering up the boundary lines to weave net
무지개 별 낚으며 노래 불러요!
Singing together and fishing the rainbow stars!

그날(The Day:4.22)

김두기

이 강산 허리
삼팔선 갈라짐은
오로지 그날을 위함이라
이 강산 곳곳
총소리 대포 소리 울려 퍼짐도
순전히 그 한날을 위함이라
그렇지 않다면야 어찌 감히
한핏줄 한 겨레 피 흘림이 웬 말인가
이역만리 푸른 청춘
이 산골짝 저 들판에
꽃봉오리 떨어짐은 또 웬일인가
인류 마지막 아마겟돈 전쟁 6.25
최후의 보루 낙동강 다부동 전투
그 강변 여러 강변 산하
꼴 뜯고 소먹이고 나무하던 한 아이
녹슨 탄피 포탄 파편 다 거뒀으니
이제 임진강 너머 저기 DMZ로 가자
통일의 그날 천지가 개벽하는 그날
철조망 걷어 엿 바꿔 먹자
마지막 남은 냉전 이데올로기 껍데기들
엿장수 가위소리에 엿 바꿔 먹자
세상에 좋은 엿 모두 바꿔실탕
아리랑 쓰리랑 지화자 좋을시고
지구촌 한마당 큰 잔치 벌여보자
녹슨 탄피는 4.22 좋은 통일절 그날
온 누리 평화의 날로 엿 바꿔 먹고
포탄 파편은 무지개 색동마을 통일 국기로 엿 바꿔 먹고
철조망은 녹여서 통일탑으로 엿 바꿔 먹자
남남북녀 하나 되어 탑돌이 하는 그날
목석이 노래하고 무쇠가 춤을 추며
한세상 한생명 한사랑 한누리
우주 광역시 태양구 초록별마을 삼천리
일곱 빛깔 무지개 하늘 미소 지으리니
대한민국! 남북 총선! 남북통일! 세계통일! 우주통일!

시성 **김두기**
세계 최초 4개국 전통 시 창작 시인(시조, 한시, 영시, 하이쿠)
대한시문학협회 회원

벙어리장갑

김미성

처음부터 마음에 든 건 아니었어
마구잡이로 짠듯해도
정성스러워 보이던 모습이
마음을 흔들었어
추운 겨울 시린 손끝을 잡아줄
어머님의 손길이 그리웠어
따뜻함을 공유할 수 있는
상처투성이 손을 뒤로 감추고 살고 싶진 않았어
그 손마저도 감싸줄
나와 비슷한 손

세상에 영원한 게 없다는 걸
이미 알고 있었지만
영원히란 단어를 믿고 싶은 순간이 있지
어머니가 짜준 장갑이
한쪽을 잃어버려 그 가치를 잃어버린 어느 날

똑같은 모양의 한쪽을 발견했을 때
서로를 묶어주던 벙어리장갑처럼

귤을 먹다가

김미성

둥글게 살아가야 하는데
그러질 못 했어
양파처럼 까고 또 까야지
속을 알 수 있는 건 아니었지만
껍질을 벗기기 전엔 속을 잘 들어내지 않았지
거미줄처럼 이어진
흰 망들을 걷어내고
육즙 가득한 탱글탱글한
널 만나러 가기 쉽진 않았다
춥디추운 날에 독서실에서
친구랑 나눠 먹던 추억
독서실 총무 언니가 처녀의 몸으로
애를 낳으러 갔다는 소문이 무성한 날
육교 옆 독서실에서 친구랑 주식치럼 먹어대던 너를 떠올렸지,
소문은 소문일 뿐 껍질을 벗겨
실체를 알기 전엔 알 수가 없는 일이지
한 개를 통째로 쏘옥 입에 넣고
입 다물고 살 일이다

봄님 김미성
강원도 원주 출생
한국방송통신대 국어국문과 졸업
다온문예 등단
한국문인협회 회원/대한시문학협회 회원

나이아가라 폭포

김선동

저 멀리서 웅장한 물소리가 들려온다
가까이 다가 갈수록
질풍노도와 같은 물의 낙하 소리가 압도한다

그들의 뛰어내림은 거리낌이 없다
머뭇거림이 없다

그들의 낙하는
한치의 망설임도 없다
두려움도 없다

그들은 속살이 부끄러워
자신들의 몸으로 하얀 장막을 두른다

그것도 모자라
작은 물방울로 안개 커튼을 치고
제 혼자서 그냥 뛰어내린다.

혼자가 아니다.
수많은 동료들이 함께 한다

물보라가 꽃처럼 환하게 피어오르며
형제들의 낙하를 칭송하고 환호한다

사람들은 그들의 뛰어내림을 환영하듯
그들의 커튼 속으로 들어가 환호성을 지르며 흥분한다

그들이라고 두려움이 없기는
왜 없겠는가?!

자신들의 불안함을 감추기라도 하듯
굉음을 내지르며 뛰어내린다

그들은 어제도 뛰어내렸고
오늘도 뛰어내렸으며
내일도 그렇게 뛰어내릴 것이다

아내 마중 날

김선동

오늘은 아내가 긴 여행을 끝내고 돌아오는 날이다

집안을 청소하고
된장국도 끓여 놓는다

마중 나갈 시간이다

애인을 만나는 연인처럼
마음이 설레고 가슴이 마구 뛴다

26년을 같이 살았는데
왜 이렇게 가슴이 뛸까?

드디어 아내가 탄
고속버스가 도착한다

눈에 익은 아내가 내린다

반가워서 얼른 뛰어가
살포시 껴안는다

얼마나 그리웠는지
얼마나 보고 싶었는지
아내는 모른다

아내 마중 날은
아내의 존재감을 일깨운
소중한 날이었다

김선동
시인, 전KBS 아나운서, 교수
대한시문학협회 회원

마다가스카르로 가는 기차

김성구

첫눈 내리는 날 새벽
청량리역에서 기차를 타고
마다가스카르로 떠난다

쉴 새 없이 소행성 정거장에서 승객들을 태우고
깊은 향연에 춤추는 듯 날개를 퍼득이며
질주를 한다

종착역에서 나를 기다릴 소행성 B611에서 온 소녀는
오래전 여행을 떠난 오빠의 행방을 추적 중이다

어린 왕자가 살던 소행성 B612를 점령했던 바오바브나무가
이곳 거대한 소행성으로 이주해 살고 있다

잃어버린 소년을 찾으려거든
그리운 소녀를 만나려거든
이곳으로 오라

어둠 속에서 놓쳐버린 분홍빛 시간을
바람결에 날아가 버린 초록빛 공상들을
사과상자 안에 갇혀 있는 어린 양을 꺼내듯
그리운 님의 이름을 불러라
그대 곁으로 돌아오리라
새벽 기차는 눈 내리는 소행성으로 달린다
지금 일어나 내일로 떠나자.

마음의 강

김성구

저 강물이 푸르른 것은
파아란 하늘을 품고 있기 때문이라

내 마음의 강물은
무엇을 품고 출렁이고 있는가

시목 김성구
시인. 평론가. 아동문학가
한국문인협회 해외문학 발전위원/국제펜한국본부 평화작가위원/한국아동문학회 홍보위원장/세계독서치료학회장/호남문학회 회장/국제문학 발행인/'나만의 책' 출판 <해와 달 문학관> 대표/치유 문학 전문지 <계간 국제문학> 발행인/한국문인협회 회원 - 해외문학 발전위원/국제펜한국본부 34대 이사/한국아동문학회 서울지회 사무국장/대한시문학협회 회원

낡은 의자

김시온

수술대에 오른 나의 어머니
등받이가 되고
하루 종일 찌그러질 듯 앉아 있다
못질하고 사포질 박박
어머니의 꾸부정한 허리가 창가에 고이 모셨다
낡은 시간도 거기 삐걱거린다

개나리가 피어 슬픈 봄날
낡은 의자에 꽃단장 한 우리 어머니
의자에 앉아서 상길아! 부른다

한벗둥지

김시온

그곳은
해맑은 햇살을 담아내는 곳
밥의 소중함을 일깨워주는 곳
누군가의 손길이
서로의 디딤돌이 되어야 하는 곳

그늘을 쓸어내고 사랑의 온도를 알게 하는 곳
나눔의 소중함이 애틋하여
희망이 행복을 일구는 곳

웃고 웃는 우리가 되고
우리는 서로의 따순 오늘이 되어
하나가 되는 곳

오늘도 흰밥을 주걱으로 담으며
세상 돌아가는 이야기가 눈꽃처럼 피어 난다

김시온
시나리오 작가, 시낭송 전문가
2016년 독도공모전 詩부분 우수상
대한시문학협회 회원

고향의 봄 오면

김영

봄바람 설레이면
고향에 봄은
개나리 진달래
곱게 물드리우고
시냇가에 버들가지
물오르는 소리
아버지의 고향땅
경상도 포항
그곳을 찾아
옛 터를 더듬어 보자니
아버지 음성이 들리는 듯
철새들 소리에
조용히 귀를 기울여
깊은 시름에 젖어든다

통일로 달리는 코리아호

김영

오! 코리아호 달려라
남북의 민족이 소원하는

통일!
3.8선을 넘어
중국, 러시아를 지나 유럽

그 이상 세계
코리아의 통일
전 세계가 평화의 그날까지

지구가 하나로
평화의 그날까지
고려 열차 힘차게 달려라

김영
대한시문학협회 회원

오늘 같은 날

김영숙

온 세계의
푸른 하늘을 함박웃음으로
덮은 오늘은 이 땅이 아니라도 좋다

내 지인이 내 벗이
내 이웃이 아니었어도 좋다
어차피 벗으로 이웃으로 함께할 터이니

먼 이국 창공에
태극기가 아니었어도 좋다
어차피 태극기가 날릴 터이니

긴긴 어둠이 지나고
두 손 맞잡은 평화의 깃발 아래
밝은 햇살이 비추는 오늘 같은 날

모진 폭우가 내려도
뇌성벽력이 쳤어도 좋다 이 땅의
평화를 알리고 떠나는 마지막 인사기에

그대란 이름으로

김영숙

가슴 한 켠에 있는
그 이름 석 자를 외면한 체
그대란 이름으로 적어가는 사랑 시 하나

내놓고 있으나 내놓을 수 없는
그 이름 석자

하얀 가운 위에
밝은 미소만을 담은 체

많은 사람을
보듬고 가야 하는 그대는

보이나 보일 수 없는 …
그것이 현실이기에 오늘도
그대란 이름으로 적어가는 사랑 시 하나

중앙 김영숙
한국신춘문예 시부문 신인상
창조문학신문사 낭만시인 시조 입상/한미장인예술제 문학상 수상/제14회 대한민국 독도문화제 모범문학인상 수상/제15회 대한민국통일예술제 한국신춘문예 공로상 수상
대한시문학협회 회원

목련꽃 같은 내 님아

김영숙

간밤의 단비에 피어난 새하얀 목련꽃

그 향기
은은히 풍겨오면
그리운 님의 모습 더욱더
그리웁고 하이얀 꽃잎은
내 마음을 더욱더 슬프게 하네

한잎 두잎
목련 꽃잎 속에
담아보는 님의 모습

새하얀 백옥 같은 님의 얼굴
더욱더 사무쳐 그리워오네

은은한 그 향기
어디에서 다가올 님의 향기였나
오늘도 하염없이 바라보며 한잎 두잎
꽃잎 속에 그려보는 고운 내 님의 모습

연가

김옥경

바위틈에 뿌리내린
이름 없는 작은 들꽃이라도
그대
눈길 닿는 곳에 머물고 싶어라

가슴 시리도록 그리운 날엔
흐르는 눈물 감추고
기도하는 마음으로
노래를 부르리

빛깔 고운 저녁
하늘에 수놓은
그대 손길에
눈을 떼지 못하니

오시는 걸음
멈추지 말길
기다리는 女人에게로

나는 가리라

김옥경

회색 위압 도시를 벗어나
새가 노래하고 물고기들이 춤을 추는 산속의 연못

광야의 넓은 벌판에
거룩한 성을 만들기 위해
나는 가려 하네

세상 소리 들리지 않아도
하늘의 소리가 들리는 곳

세례요한이 걸어간 길을
나 또한 따라가려 하네

그분이 함께 하시니
무엇이 두렵겠는가

황소만 한 사슴이 많다고 하나
나와 친구되어 나를 도울 것이니

나는 광야로 떠나려네
그분의 약속을 따라

내 생의
마지막 노아의 집

천수 김옥경
좋은 문학 2005년 신인상
국제문화 예술협회 부천지부 지회장/한국시연구협회운영회 부천 지회장/대한시문학협회 이사/한국문인협회 회원/국제펜클럽 회원/예술인복지재단 회원
저서「내 영혼의 노래」「사랑은 그리움으로」「떠오르는 아침 햇살」
국제펜클럽1호「오직 내 하나의 사랑」2017년100인의 시인(문학세계)
모윤숙 문학상 본상수상

있잖아요

김의상

보고 싶다고 말해도
들은척하지 말아요

마음에 서성거려도
본척하지 말아요

기쁨도
슬픔도

있잖아요
사랑으로 추억을 감춥니다

이 말 너무 좋은데요
있잖아요

누구나 다 아는 행복

김의상

내 마음이 슬퍼서 우는데

알아주는 사람 없으면

더 슬프다

내가 신나서 웃는데

같이 웃어주는 사람 있으면

더 신난다

사람은 그렇다

마음이 같아지는 사람과 함께 있으면

없던 행복도 함께 머문다.

만경 김의상
언제나 짝사랑 같은 시심으로 시와 열애중
시집 「웃었으나 여전히 눈물은 」
대한시문학협회 회원

궁금

김중열

황진이를 짝사랑한 이웃집 총각
짝사랑에 겨워 상사병에 걸렸다지
그런 사랑해보고 싶지만

어떡하지.
늘 바라보는 그녀도
나를 그리 생각할 게다
궁금하기에

그런데 나는
여직에 튼실하게 살아 있으니
상사병은 아닐 게다

그녀를 다시금 바라보며
상사병 걸린 사람 또 있을까
그 또한 궁금하기를.

동백

김중열

시려진 들판 여늬 한 곳에
한 맺힌 천년 사랑 피어올라라
진 붉은 입술에 시린 서리 내밀라고
추근대는 찬바람 서성이기를

지나는 객들에게 빼앗긴 향이
아직 남겨 있다면
손길을 품어볼까 내밀어 보련마는
하얀 소복 걸쳐
상중인가 하여 민망했더라

눈 내리는 그날이면
처연한 요염이 더 해져
양귀비 그녀마저 질투하련 가
천 년의 겨우내내 쌓여온
사연들에 얹혀 있기를

못다 한 사랑 품어 동백의 전설인가
그리도 시린 겨울 이겨내며 속삭인 정담들로
너머 저 너머에 고개 너머 산 너머에
갓 씌어진 순백 위로 붉은 피를 토하였더냐
천 년에 인고로써 애닯기만 하더라니.

한톨 김중열
1948년 서울태생
서울대 졸, 현 여울아라 동인 리더 10호까지 출간
시집 : 사랑을 거머쥐고, 서열의 역전, 존재의 이유, 자아와 함께

바다가 보이는 카페에서

김진태

갈대숲 사이로
바다가 보이는
조용한 카페에서

커피 한 잔 시켜놓고
찻잔 속에 떠오르는 옛님을
본다

조용하고 부드러운
젖빛처럼 고운 얼굴에
입맞춤하며

조금씩 조금씩
시간을 아끼면서
뜨거운 사랑을 마시고 있다

찻산이 조금씩 줄어들면서
그 님은!
한걸음 한걸음씩 뒷걸음쳐
점점 멀어져만 가고 있다

찻잔에 그리움을 가셔 마시고
카페에서 나와
낙엽이 날리는 방향을 따라서

나는 그냥 그렇게
낙엽 따라 바람 따라
침묵으로 하염없이 걷고
있었다

백목련

김진태

해 밝은
따뜻한 봄 빛에
화사하게 피어 난 목련화!

세월 가고 바뀌어도
해마다 찾아오는
그리움의
옛님!

새하얀
쎄라복도 바뀌지 않고
부픈 젖가슴 수줍어
순결로 감춰온
첫사랑!

세월에 지워지지 않는
너의 사랑과 열정은
변함없는 추억에
옛 그림자!

난 너의
부드러운 하얀 살결에
따뜻한 입맞춤으로
기꺼이 반겨주고
싶어라!

牟山 김진태
충북 괴산 출생
국민학교 3년에 전국어린이글짓기 시 수상/시와시인지로 신인상으로 시 수상
국제펜클럽 한국본부 시분과 회원/한국문인협회 홍보위원/
대한시문학협회 고문/한국문예학술저작권협회 회원
저서 '시집 보리피리' 외 다수

끝내 붉음에 젖다가

김혜숙

만산홍엽滿山紅葉 산과 들은
훨훨 불 지피며 흥타령 부르다
끝내는 헐거운 잇몸을 드러내고
부끄러운 웃음 흘리다
홀로 멋쩍어 외로움이 된다

깎아내리는 산 아래 강물도
낙화를 받아내며 윗물 아랫물
온종일 바꾸며 훔쳐내고

오래지 않아 낡아 깁고 있던
누더기 옷 한 벌 헐벗은 몸에
두르고 끝 줄 타고 가는 날이
저기 온다

우리 넘어졌다고 해서

김혜숙

바람이 세게 불면 거치대는
기웃하다가 넘어지긴 함이요
보는 이도 지나치지 않을 때 있다

길을 가다 돌부리에 걸리면
무릎은 깨지긴 해도 일어서려는
반동은 있기 마련

삶이란 숱하게 넘어져도
본능적으로 일어서려고
무릎을 세움은 당연

그러므로 세상살이
넘어졌다고 못 일어나겠는가
설령 잃은 것이 있다 해도

의지가 어떠냐에 달린 것
그만큼 삶은 질기지 않은가

벼락에 쓰러진 참나무에도
표고버섯은 피어나고
마른 장작도 불꽃을 피운다

김혜숙
한국문인협회 회원/한국현대시인협회 회원/서울문학문인협회원/우리시협회 회원/구리문인협
회원/인사동 동인회 회원/대한시문학협회 회원
저서 : 어쩌자고 꽃

동트는 해처럼

김화선

고난이 삶을 칭칭 감아 올라도
풀어 헤치며 앞으로 나아가는

역경의 땀 흘러 온몸을 적셔도
한걸음 오름길 멈추지 않고

어둠을 뚫고 힘차게 솟아오르는
해처럼

하늘에 그림을 그리는 구름처럼
푸른 꿈 펼쳐

세상을 향해 감동을 만들어 가는
지표 같은 사람이 되리라

버들개지 피는 계절이 가고

김화선

겨울 녹이듯 가슴을 녹여가며
버들개지 솜털 꽃을 피워내셨다

어머니는 고집불통 아버지의 변덕을
희고 둥글게 빚어 메인 목을 감췄다

삶의 희로애락을 잇몸으로 삼키며
고쟁이 속주머니를 비워갈 때
자식들은 금 단추 채워 잠그기에 바빴다

뻣뻣해진 오금
하얗게 내려앉은 백발
고왔던 피부에 검게 핀 꽃

푹 퍼진 죽처럼 등 시린 시설 생활
그리움의 정을 외로움으로 달래다
세월의 강을 건너신 어머니

어머니가 등을 토닥이신다

목하 김화선
충남 계룡 출생 구리 거주
인향문단 동인지 참여
솜다리문학 회원

코스모스

남석모

너로 인해
나의 시선을 매혹하고
맑고 푸른 하늘 아래
너는 너무도 아름다워
나의 가슴은 순식간에 내려앉았다

너를 보면 볼수록
가을의 태양은 내 앞에 더욱더 밝게 빛나고
어둠속에서나
아침에나
갸느린 몸매에
어찌 그리도 곱게 몸단장을 하고 있으니
가을 향기에 취한
내 마음을 흔들어 놓으며

너의 고운 자태에
너에 대한 느낌에
밤엔 잠자는 숲속의 공주처럼 보이고
낮엔 한길에서 너를 자유롭게 껴안을 수 있기에
나는 널 간직한다
나는 널 품속에 고이 접어 넣는다.

봄의 여정

남석모

민들레 패랭이꽃 흔들리는 언덕에
봄의 물결이 치고 있었다

봄의 따사로운 숨결도
내 혈관 속을 기어들어오고
푸른 잎
누런 잎
바람을 재촉하는 솜털 꽃씨도
나의 가슴에도 순식간에 내려앉았다

아침 안개가 걷히니
햇살과 훈풍이 만든 한낮의 떠들썩한 흥분으로
발길 닿는 여정마다
봄의 향기는 너무나도 그윽하여서
풋풋한 싱그러움이 천연스럽습니다

봄꽃이
너무 예뻐 터진 가슴
봄꽃이
눈이 부셔 터진 가슴
이토록 평온한 봄날에
삶의 한길
말끔히 지워지는
영혼 속을 달리는 여정이여라

남석모
1965년 2월 출생
문학아카데미 수료/월간문학계 등단/한비문학 신인상/대한문인예술협회 작가상/
대한문인예술협회 공로상
한국문인협회 회원/대한시문학협회 회원/한국문학정신 회원/월간문학 회원/국보문학 회원/한울문학 회원/시인의 파라다이스 회원/한국수필문학 회원

골프 라운딩

노민

산과 강의 아름다움이
나와 함께하고
가을 하늘이 유난히 이쁜 날
해 맑은 눈으로
가을을 흠뻑 마셔 본다

기쁜 맘 부푼 맘 안고
푸른 잔디를 밟으며
가슴을 활짝 펴고
신선함을 만끽한다

굿 샷!
날아가는 볼이 가슴을 뚫어주듯
무거운 맘과 힘든 역경을
한방에 날려버린다

마음껏 웃을 수 있는
오늘을 사랑하며
너랑 나랑 손잡고
둥글게 둥글게 살아가자

연리지連理枝

문장율

뿌리는 다르지만 ...서로가 한 몸 되어

그리도 사이좋게 잘도 살며 지내는 너

인내로 함께 사는

화평이어 너무 좋다

사랑은 말이 아닌 묵언의 표상이라

자연이 함께 사는 이치를 알려줌이니

희생과 인내가 주는

예쁜 사랑 너무 좋다

아침 시정

문장율

동창이 밝아들어
잠 깨어 일어서니
동녘엔 둥근 해가
함박꽃 웃음 짓고
서산 위엔 하얀 달이
가는 길 멈춰있다

일월이 함께 함에
경관은 좋아 뵈나
기쁨과 슬픔 함께
하늘에 수 놓이니
세상 삶 모두 본 듯해
마음속이 무겁다

문장율(文 章律 雅號 : 怨悟 世振)
1952년 완도 출생
친구들에게 들려주는 시조문학 회원(2017 등단)
시인들의 샘터문학 회원 - 시조부문 신인상 수상(2017)
계간 별빛문학 회원- 시 부문 우수상(2017)
대한시문학협회 이사- 시조 부문 우수상 수상(2018)

시계바늘

박상진

시침의 속도는
동자(童子)가 아장아장
걸음마 배우는 세월

분침은 불혹(不惑)이
오로지
앞만 보고 가는 세월

초침의 속도는
고희(古稀)가 세월에 속절없이
이마를 세차게 얻어맞는 것

바다
—그대 앞

박상진

겹겹으로 숨겨도
그대 눈빛에 허물어져
속마음 보이고 맙니다
마법 같은 그대 목소리에
고개 내밀고
무거운 세상살이
그대 웃음에 금세 녹아
나풀나풀 날아올라
작은 불꽃
한 줌 검불 태울 때는
솥 밑이나 데울까 싶었는데
내 마음 어느새 절절 끓는
그대 앞 서기 전엔 미처 몰랐습니다

박상진
경남 통영 출생. (사량도)
『부산시인』(2010년 봄호) 신인상 당선.
시집 『다 쓴 공책』, 『사량도 아리랑』
부산문인협회 회원/부산시인협회 회원/사하문인협회 회원/대한시문학협회 회원

봄소식

박서영

긴 동면의 잠을 깨고
추운 겨울 움츠렸던 마음에

저 멀리 매화꽃향기
바람에 실려 온다

갓난 아기 옹알이하듯
하얀 햇살에 오므린 꽃망울
윙크할 때 하나씩 터트리고

가려운 곳 긁어주듯
지나가던 실바람 살짝이
흔들어 주면

동매의 고결한 마음
다홍색 스카프 흔들며
인내의 봄 향기 전해준다

언젠가는

박서영

시들어가는 꽃도
바람을 안고 뒹구르는
낙엽도 화려했던 지난날은
돌아 보지 않는다

차가워지는 날씨에
어둠이 다가오는 시간
고독을 즐기련다

한없이 달려가던 마음도
무작정 좋아했던 마음도
부질없음을 알기에
미련 없이 놓으련다

언젠가 돌아볼 때
가슴 설레었던 시간들이
아름답게 기억되겠지

봄 박서영
2016년 민주문학 신인 문학상
2017년 민주문학 계간지 공저/2018년 여름 겨울호 공저
민주문학 정회원/대한시문학협회 회원
2017년 공감문학 1회 공모전 본상 수상

비 오는 풍경

배대근

오후에 비가 오고 있다
언제나처럼 조금 비를 맞다가 우산을 쓴다
이유를 알 수 없는 허기가 진다
사람들의 발걸음 소리가 바쁘다
가만히 우산을 내려놓는다
남몰래 그리움이라는 글자를 빈 하늘에 쓴다
하늘이 온통 그리움으로 물든다
그리움에 물든 빗물이 뚝뚝 걸어와
국화꽃 잎 가에 평안히 어깨를 기댄다
영원히 내려와 시간時間과 하나가 된다
가을이 점점 붉어져 간다

배대근
대한시문학협회 회원

네프킨 위에 적은 연서

배명식

1.
그대 가슴 속에서
가을이 흘러가고 있습니다

나의 시간도
낙엽처럼 누워 있습니다

2

그대가 없는 공간에서
그대를 사만히 불러 봅니다

길가에서 혼자
장미 한 송이를 사고 싶습니다

봄길에서

배명식

잎새 하나 없는 나뭇가지에는
봄을 단 새순이 있다
밤새 비는 내렸는가
하늘은 먹빛으로 흐리고 널려진 돌과
쌓인 낙엽은 발에 밟힌다

잠을 설치고 나온 사람들은
찬 공기에 옷깃을 세우고 지나가고
마음의 근심같이 얽힌 나뭇가지 사이로
새들만 줄을 긋고 비상하고 있다

시방은 사랑할 때다,
빈 벤치에 앉아
가슴속에 담길 언어를 새기고
흙에 뿌리 둘 시간으로 사랑할 때다
삶은 사랑한 만큼 빛날 것이다

그대여, 빈 가지에 풀린 마음으로 보아라
먼데 있는 사랑하는 이의 웃음소리에 귀 기울이고
모나리자 닮은 엷은 미소를 떠올리며
개울가에 피는 꽃들의 향기와
세상을 여기 있게 하신 자도 가만히 느껴보라.

배명식
현대문학 추천.문학과 의식.문학세계 신인상으로 작품활동 시작(93)
시집:다른 하늘을 그리며(90)외 6권
수상집:마음에 감동을 주는 이야기 외 다수
수상:서울시인상. 허균 문학상. 문학21 문학상. 미국에피포도 문학상. 국제문화예술상.
　　　서울정도 600인상. 한국크리스챤 시인상외 다수
한국크리스챤 시인협회 회장/서울문학 편집위원/도서출판 문단발행인/대한시문학협회 회원

홍련암

배성근

담쟁이가 빨갛게 취해
낙산사 해풍을 받고
귀 암석을 오르고 있다
홍련 암 풍경 소리가
맥문동 염주 알 세는
비구니 스님 기도 소리처럼
점점 가을을 물들이고
물바람이 파도를
이리 밀고 저리 밀고
오를 대로 오른 의상대 저송은
잠시 벼슬을 멈추고
붉은 연꽃 속에 잉태한
관음 팔작지붕 아래로
귀 암석이 파도가 되어
해무처럼 산을 뒤덮는다.
해당화 꽃이 떨어진 자리
열매가 익어간다
사랑도 익어간다

단풍잎에 시詩를 실어

백성일

개미의 작은 가슴으로
세상을 들여다보니
무엇을 보고
무엇을 생각하며
무엇을 느낄까
골방에 갇힌 세상

큰 돋보기안경 쓰고
가을 하늘 우러러보니
시린 눈 주체할 수 없다

세상은 울긋불긋
가을은 익어가고
바람이 스쳐 지나가면서
흩린 단풍잎에
시詩를 실어 날아와
내 걸음 앞에 머문다

세월

백성일

익어가는
계절 속으로
단풍 마중 갔더니
가을은 어디 가고
세월만 남아있네
아!
내가 단풍인 줄
나만 몰랐구나
그냥,
가을이고 싶었는데,

백성일
시전문지 심상 신인상 등단
시집 〈 멈추고 싶은 시간 〉 외 동인지
작가와문학 문학상 수상
동인시정회 회장/심상문학회 회원

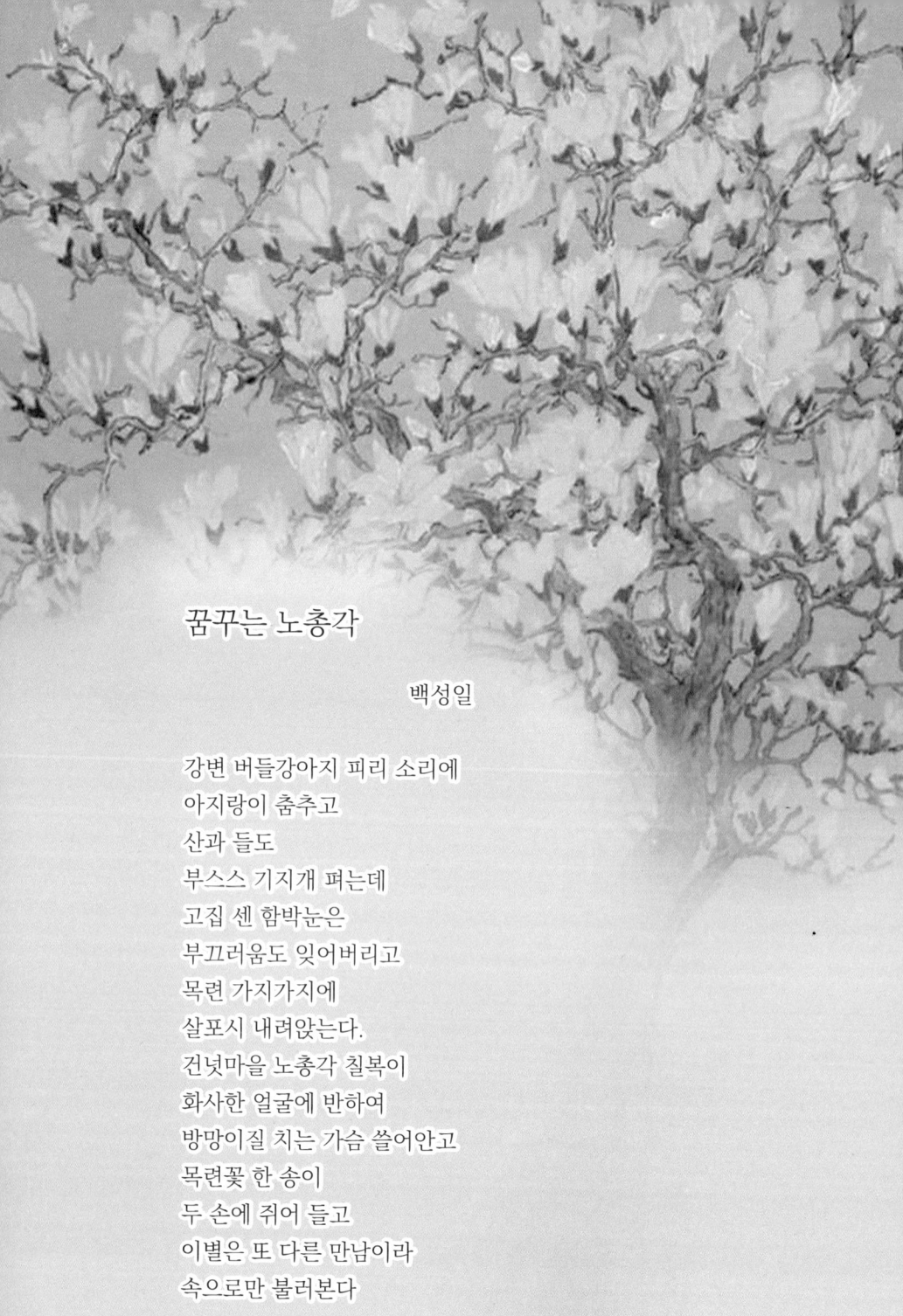

꿈꾸는 노총각

백성일

강변 버들강아지 피리 소리에
아지랑이 춤추고
산과 들도
부스스 기지개 펴는데
고집 센 함박눈은
부끄러움도 잊어버리고
목련 가지가지에
살포시 내려앉는다.
건넛마을 노총각 칠복이
화사한 얼굴에 반하여
방망이질 치는 가슴 쓸어안고
목련꽃 한 송이
두 손에 쥐어 들고
이별은 또 다른 만남이라
속으로만 불러본다

그리움

상화평

흘러내리던 눈물마저도
이제 메말라 버리고
차갑게 얼어붙은 동토 위에
지나는 바람에 몸을 맡긴 채
우두커니 외롭게 홀로 서있네

고귀함을 뽐내던 도도한 자태
어디론가 다 사라져 버리고
아무도 찾지 않는 외딴 언덕
동지섣달 길고 긴 겨울밤을
아픈 기억 부여잡고 홀로 새우네

아직도 멀게만 느껴지는
화사한 봄날 손꼽아 기다리며
가녀린 몸 떨고 있지만
가지 끝에 힘겹게 매달려 있는
겨울 목련 봉오리 속에는
아지랑이 피어오르고
벌 나비 떼 지어 날아오를
따사로운 봄이 익어가고 있구나

상고대

상화평

한 치 앞도 제대로 보이지 않는
자욱한 안개 드리운 겨울 강물
철새는 어김없이 돌아왔건만
풀리지 않는 응어리진 서러움
수증기처럼 하얗게 피어올라
모세혈관 드러내고 몸 웅크린
겨울나무 앙상한 가지 위에
눈꽃 송이로 내려와 앉았다.

건드리면 깨어질 것만 같은
연약하고 가녀린 몸 이끌고
바람 지나는 강변으로 나와
물 위에 비친 자신의 모습
넋을 잃고 바라보고 있구나.

이제 얼마 남지 않았네.
얼어붙은 강물 풀리고
만물이 약동하는 새봄
어느새 성큼 다가와 있다.

상화평(尙和平, Sang Hwapyung)
계명대학교 국어국문학과 졸업
대한시문학협회 회원

황후의 전설

상화평

봄에 피어나는 예쁜 꽃들이
시샘하며 토라져 돌아설까 봐
차마 말하지 못한 비밀인데
봄의 여왕은 단연코 목련이다.

고결하고 신비로운 자태 뽐내며
황후의 기품을 간직한 백목련
인고의 세월 힘겹게 이겨내고
아름다운 모습 세상에 드러내었네.

겹겹이 싸여있는 새하얀 꽃잎
가슴 시리도록 아픈 사연들
고이고이 깊이 숨겨 놓았는지
해맑은 미소에도 슬픔이 묻어난다.

세찬 비 내리고 바람 부는 날
퇴색한 꽃잎 힘없이 떨어뜨리고
어디론가 흔적도 없이 사라지겠지만
잊혀지지 않는 아름다운 전설이 되어
찬란했던 봄을 영원히 노래하리라.

하늘 그리움

서윤택

가없는 하늘가
구름 한 점

영넋을 넘지 못하고
산 아래 굽어보네

이맘때면
뒷산 뻐꾹 산울림에
들녘일손 바빠 갔거늘

山色이 좋다 하나
내~ 집터만 못하고

산새소리 청아하나
자식소리보다 더하랴

담장에 찔레꽃 곱고
앞마당 아련하여라

병상에 뉘인 몸
그리도 그렇게도

너에 발길 그리다
전하지 못한 맘 남겨놓고

빗길 속 꽃상여에
황망히 떠나온 산자락

아! 돌아갈 수 없어
돌아갈 수 없어라

산 그림자 내리면
눈물 씻노라……!

삶의 여백

서윤택

외진 곳이면 어떻고
번한 곳이면 어떠며
허름하면 어떠리.

그것이
빈부로 살든
귀천으로 살든

소소한 마음으로
텃밭 일구며

푸성귀 밥상에 담소 나눌
내한 사람 곁에 있으면
足한 것을

먼 길 찾아온 客은
형편대로 소반에
잔 기울이면 되거늘

어느 곳에 거해도
자연 함께 사노라면
모두가 내 벗인 것을

어이타! 사람살이
소유만 갖고 자로 재려 하나

서윤택
2013년 ≪한맥문학≫ 등단.
한맥문학 『추석 등 다수』/월간문학 『거꾸로 가는 시계』/시인마을 『그리움의 반추』등
한국문인협회 회원/대한시문학협회 이사

초롱꽃

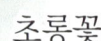

송미숙

청사초롱 불 밝히며
어둠을 걷어가는 너

은은한 향기에 취해 새벽을 깨우니
동녘의 하늘은 뜨거운 기운이 솟는다

이 내 맘 흔들어 놓고
유유히 흘러가는 구름아

임 오시는 길
어둠이 깔려 못 오시나
오늘도 하루 내 불 밝히련다

황금 무지개

송미숙

조각구름 실에 꿰어
목에 주렁주렁 걸어

일곱 색깔 무지개 타고
여행의 길목에 서본다

잠시 머물다 가는
수평선 위에선 삶에 쌍곡 성

기나긴 여정의 길목
희망을 바라보며

황혼의 꿈은
구름 모자 쓰고 행복을 안아본다

霞庭 송미숙
2015년 한국문단 시 부문 & 시조 부문 신인문학상 수상/2018년 한양문학 동시 부문 시인문학상 수상/한국문단 시인 문학상 수상/문학신문사 시조 부문 동양문학상 수상/대한 교육신문 2018 대한교육 문학상/동시 부문 최우수상 수상/서울시 시의회 의장 문화예술발전유공 표창장 수상
한양문학 별빛문학 現 한양문인회 회원/대한시문학협회 회원

하늘을 바라보며
- 나의 기도 -

송미순

해 질 녘 지평선 바라보며
삶에 지친 고단한 가슴에
영원한 생명수
한 모금 마시게 하소서

끝없이 넓은 하늘에
가슴 한 조각 띄워
날마다 시들지 않은
희망의 나래를 펴게 하소서

자연 그대로 녹아내린 사랑
너와 나 손을 내밀어
허공을 가르며
한 뼘의 해님 잡게 하소서

내 작은 모습이지만
당신의 넓은 품으로 안아
하해河海 같은 마음으로 살아가는
큰사람 되게 하소서

시샘의 구름, 바람
보듬어 주는 쪽빛 창공처럼
화해와 용서로
오늘을 평화롭게 하소서.

생명의 나눔 (헌혈)

송미순

사랑의 숨결
밝은 미소가 보기 좋습니다
괜찮으세요?
온몸을 순환하는 통로
일곱 개의 번뇌와 열두 개의 신경계가
뜨거운 파장을 일으키며
조용히 혈맥이 뛴다

사랑의 헌혈
지구를 두 바퀴 돌고도
반 바퀴를 더 돌 수 있는 내 안의 혈관
솟구치는 실핏줄 따라
한순간의 전율이 부르르 떨며
붉은 피는 순백의 강물처럼
생명 나눔으로 흐른다

고통받고 시들어가는
한 생명 앞에
나의 작은 사랑의 핏빛 나눔은
인류의 소망,
생명존중의 실천이니

희망의 생명은
또 다른
새 생명으로 탄생하는
거룩한 감사의 숨결,
너와 나를 품고
우리 안에 피어난
행복 나눔의 꽃이다.

은경 송미순
한양문학 신인상/2018년 문학신문사 신춘문예 문학 수상/2018년 대한교육신문사 신춘문예
〈기행부문〉대상/더블어민주당 당대표 추미애 대표 (문학공로상) 표창장/대전광역시 서구청장
상 표창장 2회/대전광역시 충효예실천 운동 (충효상) 표창장
한양문학 이사/대전 문예마을 회원/21문학시대 재무국장/대한시문학협회 회원

내 가슴에 핀 꽃

송미순

봄비가 대지를 촉촉이 적셔 주듯
내 가슴에 핀 꽃
치맛자락에 붉게 물들어
나래 펴 손짓한다

그대의 향기는
뜨락에 피어난 하얀 미소
끓어오르는 붉은 심장으로
오월의 여신이 가슴을 태우면

하늘에 무지갯빛 수를 놓아
내 마음 사로잡아 춤추며
울컥울컥 피어오른다

그리운 사랑아
시린 가슴에 피어난 꽃이여
그리움을 안고
그대 곁에 잠들고 싶어라.

불면不眠

송정민

꼬리 물고 늘어지는
충혈의 기억
상념의 길은 멀기만 한데

어둠 속 단상은
달빛 드리운 채
긴 동굴에 시선을 묻힌다

끊어질 듯 이어지는
통곡의 서곡
옷자락 부여잡고 슬피 우네

무겁게 내려앉은
영겁의 숨결
한 줄기 바람에 바스러진다

매화 연정

송정민

조각난 회색 구름
바르르 빈 가지에 걸리고

따스한 바람
터질듯한 가슴속에

하얗게 피운
목화 꽃 같은 당신의 미소는

붉은 꽃송이들과
어우러진 그리움입니다.

松竹 송정민
한국문단 신인문학상/한국 정형시 수상/녹색문단 낭만시인 최우수상 수상/한양문학 제1회 작품상 수상
푸른시100선 2차 동인외 다수
대한시문학협회 회원

코스모스

송현채

바람이 불면 부는 대로
온 힘을 다하여 손을 흔드는
너의 순결한 영혼이
하염없이 하늘거린다

파아란 꿈을 안고
소슬바람에 등 떠밀려
가냘픈 몸으로 길섶에 서서
그리운 임 맞이하려 너울너울 춤춘다

황금물결 물들이는 들녘에
곱디고운 색동저고리 풀어헤치고
ㅅ산한 바람에 부끄러운 듯
엷은 미소 짓는다

청명한 하늘 아래 흩날리는 넌
내 가슴에 품어야 했던 깊은 사랑
긴 기다림 속에 가녀린 목을 자꾸 흔드는
담소화락談笑和樂의 꽃.

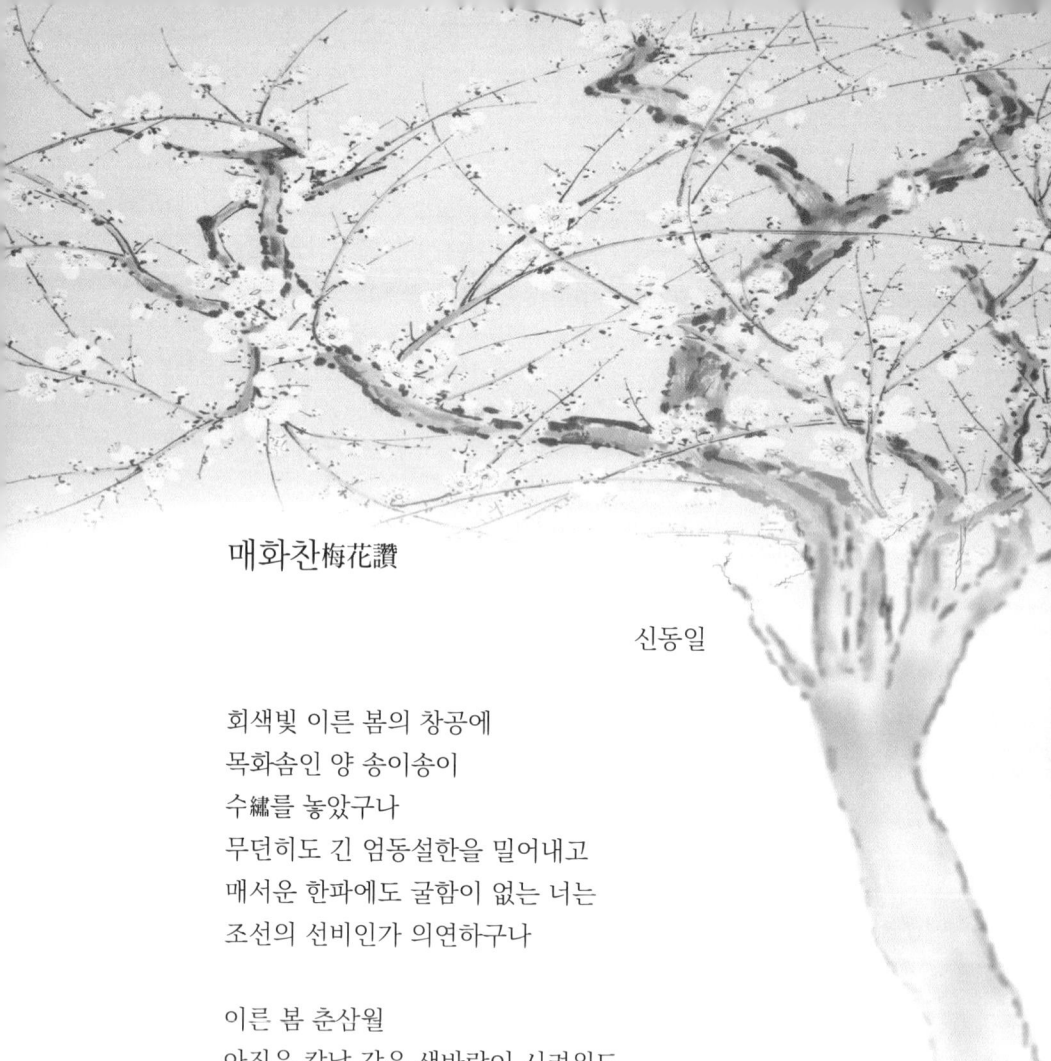

매화찬梅花讚

신동일

회색빛 이른 봄의 창공에
목화솜인 양 송이송이
수繡를 놓았구나
무던히도 긴 엄동설한을 밀어내고
매서운 한파에도 굴함이 없는 너는
조선의 선비인가 의연하구나

이른 봄 춘삼월
아직은 칼날 같은 샛바람이 시려워도
먼 남쪽으로부터 전해오는
반가운 메시지 한 통
때 이른 전령사로 봄소식 전하며
차가운 귀를 어루만진다.
새봄은 매화꽃이 여명을 예고하고
수줍음 안으로 감추며
고개 떨군 채 겨우 하얀 목을 내민다

아무리 내 설움 네 설움 많다하나
겨우내 설한풍에 시달린 매화에 비하랴.

플라타너스의 사랑

신동일

엊그제 녹음 진 산천이
성큼 산허리는 갈매 빛으로 춤을 춘다.

대지에는 색색으로 꿈의 성찬인데
겨우내 쉼 없었던가
한구석에서 단단한 콘크리트 바닥을 뚫고
고개 내민 플라타너스 새 잎새가 싱그럽다.

대지의 골과 골 논과 밭의 이랑과 이랑
고봉준령의 봉과 봉에도
파아란 녹음이 출렁이고 싱그러운 산바람은
풍진과 헌 누더기를 훑고 지나간다.

가지마다 줄기마다 윤기 적신 녹음을 드리우니
작열하는 태양을 가리워 그늘로 사랑을 주고
청포도가 주절주절 村婦들의 등에는 땀방울 흥건한데
손 마디마디 굵어만 가고
이마의 골은 깊어만 가네.

동녘의 둥그런 배앙은 萬古ㅂㅈ 쉼 없고
봉선화 물들이던 그날 언제던가
새해에는 새 세상 새 날
해맑은 아침이 밝아 오리니
촌부들의 한 서린 날들 고이 접고
쉼 없이 들판을 향한다.

내 자손들은 세계를 힘찬 비상으로 날개 짓 하며
풍요와 넉넉함으로 너울너울 춤을 추리라.

신동일
문학박사. 교수. 시인. 본격수필가
한국아.태문협 부이사장/신문예문협 편집위원/인사동시인들 동인/대한시문협 부회장
대한교육신문 2018신춘문예공모 수필부문 대상/2018대한시문협 시인마을 시공모 대상/황희
문화예술상 문학상(수필) 금상/한국신문예 문학상(시인) 본상 /한국에세이문예 문학대상/한국
탐미문학상 본상/한국 좋은문학상 시인 작가상/전북도민일보 공모(시와 수필부문 대상/제4회
한국에스프리 문학상(수필가)/혼불 문학상 시 공모 우수상(시인)/대한민국황조근정훈장/
시집「내일을 여는 여명」「맑은 영혼 따사로운 가슴」에세이집「풀꽃향기」

분재

신순희

오랜 시간 먼 길 걸어왔으나
둘레길을 벗어나지 못했다
둥그런 화분 안
움켜쥔 자존심을 버리지 못한 채
자신을 구석구석 구겨 넣으면서 꿈꾼다

시선은 높은 산에 머물러
안개 낀 아침을 맞이하고
새들이 잠들 수 있게 가지를 내어주고
고추잠자리의 비상을 보며
날개를 곤추세워 보기도 하고

허공에 몸을 비틀며
자존감을 지키고 있다

송아지

신순희

송아지 얼굴에 근사한 코뚜레가 장식되었다.
코뚜레가 끼워지는 순간부터 황소가 되었다.
텃밭을 갈고 뒷밭을 갈아엎고 나니 힘이 점점 강해지는 것 같았다. 달구지에 몸집의 다섯 배나 되는 짐을 싣고 여유 있게 느릿느릿 걸어도 주인에게 칭찬받았다. 후한 상으로 주인과 막걸리 한 잔 겸상.
풀밭이든 자갈밭이든 어디든 주인과 함께라면 좋았다. 인정받고 인정해주는 신뢰가 끈끈하기까지 했다.

이젠 후들거리는 무릎으로
외양간 안에서 푸른 보리밭을 그리워한다.

산여울 신순희
《민주문학》 시부문 등단.계간《청옥문학》 시조부문 등단
청옥문학협회 회원.석교시조문학 회원.민주문학 회원
공저:석교 단시조산집/푸른원두막 시집/민주문학계간지 외 다수/은평문예지

여기까지 오다

안희환

아픈 몸 끌고
흐르는 눈물 닦으며
여기까지 왔습니다.

그땐 처량했는데
이젠 추억이 되어
그리움이 되었습니다.

잠시 있다 없어질
안개를 잡으려
발버둥 치지 않습니다.

허무한 시절
공허한 기억으로
머물 순 없으니까요.

지금 이 순간
눈물의 열매를 들고
웃으니 행복합니다.

그대는 진흙탕에 굴러도

안희환

진흙탕에 구르는 모습조차
별처럼 빛난다 하면
놀리는 거라며 화를 내겠죠?

화를 내도 어쩔 수 없죠.
정말 빛이 나는 걸요.
호수 위에 떠있는 연꽃보다
진흙탕 위의 그대가
더 아름다운걸요.

꽃길만 걸어도 되는 그대가
일부러 선택한 진흙탕.
그게 가슴을 뛰게 하는 거죠.

그대가 뛰어들어 건져낸
아이들의 웃음소리가 들리죠.
그 웃음을 살리고자
기꺼이 울었던 그대가
아름답지 않다면
세상에 아름다움은 없죠.

진흙탕에 구르는 모습조차
별처럼 빛난다 말해도
그대를 다 표현할 수 없어요.

안희환
크리스천 연합뉴스 발행인//바른문화 운동본부 대표
크리스천타임즈 칼럼 연재
대한시문학협회 회장

독거노인

오문희

산턱에 홀로 있는 집
불빛이 어둠 속을 헤맨다

사랑을 위하여 차린 밥상은
식어버렸고
잔에 담긴 소주만이 달빛을 삼킨다

잊을 수 없는 자식 생각하며
선잠으로 지새 울 때
차가운 바람만 귀속을 울려댄다

큰 별이 빛 날 수록 작은 것들이
더 빛나기 위해 끌어당기는 온기가
온 산을 차갑게 덮고 있는 시간

톱니 같은 눈 길 위에
깊게 파인 발자국
촘촘히 박힌 얼음 가시 틈새로
노을이 눈물 떨구고 있다

슬픈 자화상

오문희

누구에게 쫓기듯 살아온 나날들
내가 머물던 자리는 저만치 사라지고
세상에 먹물 뿌려 지던 날
혼자 캄캄한 길을 걸을 수 없었다
온몸이 마비되기 시작해
똥오줌도 가리지 못하는 아이처럼
혼자 밥숟가락도 들을 수 없는 몸
내 손도 아닌 긴 줄에 맡겨진 죽
조금씩 조금씩 들어올 때마다
입안에 자갈을 넣은 듯하다
컥컥

보이지 않는 불과 춤을 추며
오장육부가 타는듯한 고통을 견뎌낸 후
한 손과 한쪽 다리와 내 다리가 아닌
지팡이를 잡고 서서 지난 시간을 돌리지만
멈춰진 시곗바늘처럼 마비되어가는 뼈가
일출과 일몰 사이에 끼었다

오문희
2014년 10월 대한문학세계 시 등단
제12회 독도 문화제 최우수상

4월의 소리

오복룡

격랑激浪의 마지막을 장식하고 싶은
빗발치는 햇살이여
흐드러지게 피고 지는 순정純情을
파란 캔버스 위에 살며시 옮겨 주렴

엄동설한 잿빛 하늘이
그리도 야속하였으나
그 시절이 있었기에 오늘은 찬란하다

누구라도
침묵으로 묻히어간 시간은 있었으니
거부할 수 없는 생의 애잔함인 것을
답답하고 하도 애처로워
그만 터져 나오는 포효咆哮
하늘 향해 한껏 웃어 보련다.

길섶 여기저기 쓰러져 있는
임들의 눈물 자국
그 마음도 쓰다듬어 안고 가련다.

동심同心

오복룡

무얼 그리 생각하며 걷고 있나요
눈을 들어 보세요
잔잔히 들려오는 바람 소리
코끝을 스치며 가슴 살짝 열어주니
파란 하늘에 흰 구름도 보이고,
저기 저 구름이 아름답지 않나요
오늘 우리 이곳에 생명인 것
놀라운 기쁨이지요

무얼 그리 땅만 보며 걷고 있나요
눈을 들어 보세요
앞서가는 사람 뒷모습이 보이고
마주 보며 다가오는 얼굴도 있지요
무심히 지나치지 마시고
가벼운 손짓이라도 한번 해 보세요
오늘 우리 이곳에 걷고 있는 것
놀라운 순간이지요

무얼 그리 앞만 보며 걷고 있나요
눈을 들어 보세요
이쪽저쪽 옆을 보면 산과 강
그리고 당신을 바라보는 수많은 모습이
사랑하고 싶지 않나요
큰소리로 웃어주세요
세상은 참 아름답지요
오늘 우리 이곳에 있음은
놀라운 축복이지요

오복룡
2015년 시인마을 문학상 최우수상/2015년 경남 기독문인 신인상/
2018년 한국문학예술 신인상(시조)
대한시문학협회 회원

그대가 그리움은

유정미

그대가 그리움은
내 곁에 그대가 없기 때문이 아니라오
그대 홀로 외로움 속에 있기 때문입니다

그대가 보고픔은
내가 그대의 얼굴을 보지 못함이 아니라오
그대와 하나 되어 그대의 아픔을
대신할 수 없기 때문입니다

그대를 사랑함은
나의 곁에 그대가 머물기 때문이 아니라오
내 모든 사랑의 상념 속에
그대의 존재가 있기 때문입니다

그대를 향한 열정은
지평선 너머 타오르는 태양의
검붉은 열화가 아니라오
내 피 속에 잉태된 핏빛 노을 때문입니다.

이별

유정미

마음을 풀자
손을 놓자
너와 나의 만남이 눈꽃인 걸
지구에 홀로 서 있는 나
빈터를 기댄 너
나를 안으려고
너를 안았는데
물거품만이 땡글땡글
찬란한 태양도 노을에 꼬리를 감추듯이
화려한 벚꽃도 비가 덮으면 꽃잎을 떨구듯이
암흑이 달빛에 떠밀려 가듯이
투명한 이슬이 햇살에 몸을 주듯이
나는 가련다
나에게 장미 가시를 던지지 마라
아픔, 비애, 고통, 번민
이런 단어는 우주에 버렸다
그곳은 갈 수 없는 절벽
나는 가련다
너와 헤어짐을 위해.

은결 유정미
대한시문학협회 회장
삼성, 일간스포츠 수필 부문 수상/계간 현대시선 신인문학상/시인마을 문학상 수상/창작예술인협회 좋은문학 작가 최우수상/계간 별빛문학 낭만시인상 수상 외 다수
저서「마중물」「그대 그림자에 그리움을 새기고」, 공저 17권
작시〈그리움〉〈구겨진 인생들〉〈인생〉외 다수
소속 : 대한시문학협회/한국문인협회/한글학회/현대시선문학사/한국예술복지재단

한 떨기 매화

유정미

눈 속에 핀 한 떨기 매화
고독감에
외로움에
눈물이 고드름 되어
매화 끝에 매달려 있다

차가운 눈빛에 갇혀
더 처연해
울음을 터뜨린 한 떨기 매화
그 붉디붉은 피로 물들어
노을에 잠긴다

하얀 이불 삼아
마음을 토닥이지만
그 냉랭함이
도저히 따스한 봄빛을 감당 못 해
깊게 파인 검은 밤에
매화는 석양을 토해낸다.

순이랑은 그랬어

이기은

봄을 캐러 갔었어
무뎌진 호미 한 자루 들고
대바구니 옆구리에 낀 채
소리 없는 웃음이 봄처럼 따뜻했던
순이랑 갔었어

봄은 지천에 있었어
대바구니는 늘 비어있었지
순이가 너무 예뻐서
봄보다는
순이 마음을 캐고 싶었거든

앙증맞은 작은 손 꼭 잡고 싶은데
눈길은 자꾸만 먼 데를 보고
콩콩 뛰는 가슴을 주체할 수 없어
괜히 심술만 부렸어

어느새 땅거미 내려와
빈 바구니 들고 돌아오는 길
조막손으로 가슴 콩콩 치고 있었어
사뿐사뿐 앞서가는
순이 걸음이 너무 빨라서
하루해가 너무 짧아서.

난꽃

이기은

겨우내 야윈 햇살의 허리 부여잡고
미완의 아리아를 불렀어
획을 늘리고 의미를 확장하던 날들에 비해
차갑고 인색하여 사막화 된 시간들을
푸름으로 항거하던 너에게서
태기를 느낀 것이
입춘 즈음이었나 보다
한 꺼풀 두께를 늘린 햇살이 탐스러워
발코니 창을 슬몃 열었더니
원망처럼 감겨드는 너의 향기
그예 몸을 풀었구나
잘린 탯줄 마를 새도 없이 피고, 피운 일경구화
들창 비집고 든 삭풍의 지청구
용케도 이겨낸 단아한 모습의 태교
그것으로 짐작 가는 화용월태의 경건함
긴 삼동의 어둠이 짙고 가팔라서
아침은 더욱 밝고 고와라.

이기은
2006년 등단
시집 및 시조집 4권, 전자책 12권 발간/동인시집 50여권 공저
대한시문학협회 회원

자운영

이기은

찔끔찔끔 피다가 이내 하르르 피어나
바다가 된 보랏빛 상서로운 색의 깊이
투명한 시간 속 언어 곱게 칠한 꽃이여
하 많은 사랑 노래 갈잎으로 잠재운
긴 삼동 모진 학대 인내로 견디더니
호숫가 팔 베고 누워 흰 구름 유혹하는
보고도 그릴 수 없는 현란한 언어들
말간 이슬 먹고도 그리 고운 꽃빛일까
생각에 옷을 입히다 울어버린 앙가슴.

목련

이기주

햇살 도타워진 날에
푸시시
검은 가지 끝마다
통통히 물오른 봉오리
수줍은 소녀의 가슴처럼
나날이 봉긋해지고

솜털도 못 벗은
보송보송 풋내기
얼굴을 감싸고 차마
못 여는 수줍은 꽃잎

별님이 밤 마실 와
깊은 잠 깨우려
속살을 간지렀나

옹기종기
가로등 불빛에
화장을 하였나

해 오름에
뽀얀 꽃잎을 여니
빛 부심에
저리도 귀품이 난다

꽃잎 속에
노란 꽃술은
어이 저리 고울까

그냥은 못 지나치고
비단실 스치듯
미풍이
쓰다듬고 지나니
내 마음도 목련 되어 수줍게 피어나네

목련 피는 날에

이기주

꽃샘바람 잦아들더니
애잔히 내려준
빗물에 몸을 씻고는
뽀얀 날개를 활짝 편다

다투어 피어나는
목련 꽃을 시샘하는지
한줄기 바람이
흔들고 달아나니

그렁 그렁 꽃잎에
매달려있던 빗물이
눈물처럼 방울방울
떨어진다

괜시리 나까지 왜
이랑진 가슴에
몹쓸 그리움이
꽃잎에 달라붙는지
심란한 마음이
살짝 들어와 앉는다

새벽 갓 밝기에
햇살과 바람이
조록 조록 내려주니
부질없는 생각도
지워진다
천지 간에
황송한 은혜로만
가득한 목련 피는 날이다

이기주
경기도 안성출생
월간 한맥문학 등단
1985-1988년도 까지 대구 매일신문사 주부 수필란에 '사당오락'외 다수 발표
창작 가곡 성가곡 작시
대한시문학협회 회원

등 나무 아래서

이기주

연 초록 잎으로
에워싸인 사이로
빗살처럼 쏟아 비치는 가득가득한 햇빛

생명의 고리들에
보랏빛 구슬 등을
촘촘히 매달고
바람결에 흔들린다

삶의 버거움에
그대 모습
잊고 살았는데

어스름 창을 열고
내다보는 얼굴처럼
어느 결에
그대가 보이네

유난히
등꽃을 좋아해
이맘때이면
생각나는 그대

새삼스리 그리워라
가신님 맑은 눈빛
그 눈빛 그리며
잊고 있었던 날 속에
묻히었던
쏠베지의 노래를
허밍으로 떠 올린다

한 점 햇살에
매달리는 계절은
속절없이 가고

초여름의
뒤안길에서
등꽃들만 보랏빛
파도를 일으킨다

협화음을 위한 무대

이동춘

새벽 열린 창가
커튼의 미세한 떨림은
한 줄 바람의 속삭임만은 아녔을 것이다

새들의 지저귐
떠 오른 햇살의 눈부심
그 빛남에 사로잡힌 까닭이었을 것이다

미세한 떨림으로
시작된 경이로운 하루
누구에게나 주어진 열린 인생의 장
그 하얀 화폭에 희망이란 그림을 그리다가

이제 것 그려오던
캔버스 위 붓 놓아버린 미완의 작품
그래 아파하며 신음하는 이웃들 하나, 둘, 셋

이들을 바라보며
그 못 마친 그림에
다시 희망을 채색하도록
돕는 손길인 동반자 하나, 둘, 셋

새들의 지저귐 있는
빛나고 따사한 햇살 비추이는 곳
함께 누려야 할 삶의 자리에 서서
절망 중 노래하게 하며
희망을 향하여 다시 걷도록 조력하는
멋들어진 치유의 삶 어찌 아름답지 아니 한가

인생의 서곡이 아닌
오케스트라의 교향곡처럼
마지막 연주에 혼신을 다하는
합주가 종내 전율을 불러 공감을
앙코르를 유도하는 무대 위 연주자들인
당신과 나의 삶 어찌 아름답지 아니 한가

그대와 나의 존재 이유,
함께 연주하는 협화음의 무대가...

어둠 속 마술사

이동춘

아직은 이른 새벽
어둠을 다독이며
재게 움직이는 검은 그림자들

거리 위 토사물과 쓰레기들
쓸어내고 또 줍고
아침을 향해 뛰는 사람들의 발걸음을 위하여
저리도 바쁜 도시의 마술사들

새벽은 당신의 푸른 손으로 열리고
우리가 함께 만들어갈 세상을 향해
누리에 햇빛이 쏟아져 내린다.

이동춘
경기 수원 출생
샘터문학 학술분과 이사/사계속 시와 사진이야기 그룹 회원/한국문인 그룹 회원/
백제문단 회원/송설문학 회원/별빛문학 회원/문학저널 회원
문학저널 등단 신인문학상/(사)샘터문학 최우수상 수상/별빛문학 이계절의 상 수상
공저「문학의 숲길 산책」「별빛문학 겨울호」「사랑 그 이름으로 아름다웠다」
　　「청록 빛 사랑 속으로」「아리아, 자작나무 숲 시가 흐르다」「사립문에 걸친 달그림자」

안개 꽃

이명희

길을 걷던 중
꽃 가게로 발길을 돌려
안개 꽃을 샀다

소중한 당신께
선물하기 위해 한아름 샀지만
쑥스러운 마음 감출 수가 없다

처음 해보는 어색함
용기 내어 해보니 흐뭇한 마음
괜스레 행복하다

힘든 당신이 좋아할 것 같아
발걸음도 사뿐거린다

당신 가슴에
죽도록 사랑한다는 안개 꽃을 안기니 내 마음 활짝 핀 느낌

편안하고 씩씩한 모습으로
지금 웃는 모습처럼
행복했으면 좋겠어요
당신이

이명희
대한시문학협회 회원

수선화

이명희

내가 좋아한 건 바로
너였어!

못 견디게 한 것도 바로
너의 향기 때문에
못 잊어!

나도 모르겠어
지금은 변해버린 너를 보면서

창백해진 모습의
슬프기 때문이야

내가 너를 못 잊는 건
향기보다 더한
사랑 때문에!

아프다는
그 사랑 때문일 거야

오늘처럼 비가 내리고
눈물로 얼룩진
네 모습!

나더러 어쩌라고
나도 모르겠어 바로 너
너 때문에.

당신

이병학

평안한 잠을 깨웁니다.
그윽한 눈길을 못 박았습니다.

나의 모든 것을 만드시고
나의 모든 것을 다듬으시는

당신의 숨결이 덮였습니다.
당신의 손결이 세우셨습니다.

억새밭을 걸어도 곁에 있고
바위산을 올라도 곁에 있는

당신의 팔이 휘감습니다.
당신의 심장이 요동칩니다.

꽃

이상철

꽃은 말없이
마음으로
사랑을 주고받는다

꽃은 소리 없이
꽃 향으로
사랑을 주고받는다

꽃은 소리 소문 없이
꽃길에서
피었다가 진다

꽃은 말없이
피고 지기에
볼수록 아름답다

꽃이 피는 꽃길은
꽃 향에 취해서
사랑스럽고 행복하다

꽃향기의 추억

이상철

어떤 몸짓보다
아름다운 몸짓은
꽃이 움직이는 몸짓이고

어떤 음악보다
아름다운 것은
꽃 향으로 전해지는 소리

천리 밖 멀리 있어도
가까이 느껴지며
멀리서 은은하게 전해지는
꽃 향이 머무는 소리는 당신입니다

당신이 있어
내가 봄이 되고
꽃 향에 전해지는 마음은
천리안으로 느껴집니다

바람결에 한 송이 꽃에
봄 향을 담아
말없이 느낌으로
마음을 띄웁니다

사랑합니다
그동안 행복했습니다
꽃 향에 담겨진 추억이 되겠습니다

鳳天 이상철
국제문인협회 홍보이사/대한시문학협회 회원

가을맞이

이서정
(본명 이인자)

바람이
귓가를 두드린다
다가오라고
아침저녁으로
넉넉하게 부른다
동참(同參)하라고

너를 맞이한다
기쁜 마음으로
살랑거리는
흔들림으로
이렇게
맞이하고 있다

가
을!

다시 시작하는 삶

이서정
(본명 이인자)

이제 시작이다.

새롭게 꿈꾸고
골고루 잘 일구어서
뿌리를 내리리다.

비만하게
남아있는 육체

새로운 모습으로
혁명을 일으켜야 한다

이서정 (본명: 이인자)
충남 서산 출생
〈문학공간〉 등단 (2004년)
한국문인협회 회원/한국농민문학회 회원/대한시문학협회 이사

목련

이서정
(본명 이인자)

당신이 바라보는

세상은

맑고 투명할 것만 같아서

아무 말도 못 하고

바라볼수록

그저

웃음 짓게 만든다

고향집의 환영

이수만

바쁜 걸음 재촉하니
신작로 양옆으로
빨간 머리에 얼굴 노랗게 분칠한
코스모스가
간드러지게 웃어 반기고

하늘 가득 메운
고추잠자리 떼
빙빙 축하비행

바깥마당에 이르니
울타리 타고 오르던 박
눈부시게 하얀 꽃피워 어깨에 메고
아기처럼 말아 쥔 손 흔들어
그리웠던 옛 주인을
반갑게 환영하고

사랑채 지붕 위에 걸터앉은 호박은
배꼽을 드러낸 채
껄껄껄 웃어 반기는데

안산을 지나고 있던 해는
내일 다시 보자며
급하게 가엽산을 넘어간다

어머니의 호박죽

이수만

들 밭머리 풀섶에서
서리 맞아 대머리 까진 채
숨어 살다가

사랑채 소죽 솥 옆에
웅크려 지내던
배불뚝이 호박

눈 내리는 날

어머니는 껍질을 벗기고
붉은 팥에 흰쌀을 섞어
호박죽을 끓여 주셨다

눈 오는 날이면

달달하고 구수한
어머니의 호박죽이
그리워 온다

낯달 이수만
저서 「알기 쉬운 명당론」, 「성명학」, 「상학 상·하」, 「명심보감」, 「신천자 쓰기」
시집 「내 삶의 그리움」 외
동인시집 「떠오르는 아침햇살」
대한시문학협회 이사

시골집

이순재

어둠이 내려앉은
고즈넉한 시골의 저녁나절
깨소금 맛이다

초가집 굴뚝에선
모락모락 맛있는 소리
덜그럭 달그락 행복한 저녁
고소한 향기 궁금한 동장군
얼었던 강 녹여준다

뒷집 해순이네
서울서 형부 내려왔다고
정지는 바빠지고
마당에 씨암탉 어딜 갔나
푸짐한 저녁상
언니의 얼굴은 달달하다

하하 호호 웃음꽃 피우고
대문 밖엔 싸락눈이 내리고
맛있는 소리는 어둠을
더듬대며 입안엔
하품이 가득한 시골
밤이다

봄 길

이순재

귓가에 발자국 소리
봄의 태동이 꿈틀거린다

긴장했던 여린 잎
입춘에 속아 고개 내밀다
얼어붙은 세상 뚫고
파릇한 기도로 포문을 연다

봄을 단 새순
겨우내 웅크려 힘겨웠지만
고운 사랑 힘입어 또 하나의 봄
탄생시키려 애를 쓴다

이순재
대한시문학협회 회원

창

이연화

남은 날
언젠가 새로이 집을 짓는다면
커튼도 블라인드도 달지 않은
맑고 투명한 큰 창을 만들어야지

햇살이 그려낸 행복을
바람이 그려낸 고독을
비가 그려낸 그리움을
눈이 그려낸 추억을
무늬 짙은 나무틀에 끼워야지

오늘처럼
빗줄기 굵어진 날이면
창틀에 기대어
빗소리가 들려주는
허스키한 재즈에 몸을 맡기고
오래도록 흔들려도 좋겠지

오늘처럼
맑은 창이 그리운 날은
닦아도 닦아도 지워지지 않은 얼룩이
눈 감은 마음으로 비집고 들어와
조각난 마음을 훔쳐 간다

창을 훔친 빗방울처럼

가을비

이연화

내 손에 가진 것이 없어서
두 손을 오므려
내리는 빗물을 받아봅니다
두 손 가득 넘쳐흐르는 빗물에도
이토록 감사하게 될 줄은 몰랐습니다
손가락 사이로 흘러내리는 빗물보다
두 손에 채워진 것이 더 많음에
빈 가슴이 여물어 가고 있습니다

이 비가 그치면
텅 빈 가을 들녘에
빈 가슴으로 서 보려 합니다

갈까마귀 떼 잠시 쉬어가는 곳
찬바람도 노여움을 잠시 놓아두는 곳
그곳에서 엉킨 숨을 고르노라면
살아온 날의 오류가
부끄러이 스치겠지요

시간을 다스리는 것은
시침이 아닌 초침이라고
어차피 빈손 내어 주라고
노을을 넘어가는
저녁해가 속닥입니다

이연화
시집「살며 사랑하며... 그리워하며」「너는 나의 간절함이다」
살며 사랑하며 편집발행인/한국문인협회 용인시지부 회원/대한시문학협회 회원

목련

이연화

기다리는 마음에
먼저 다녀간 것은
바람이었다
너를 위해 겨울을 보내고 왔노라던.

꽃은 아직인데
지는 꽃이 안타까워
터지지도 않은 붓 끝에
시선이 머문다

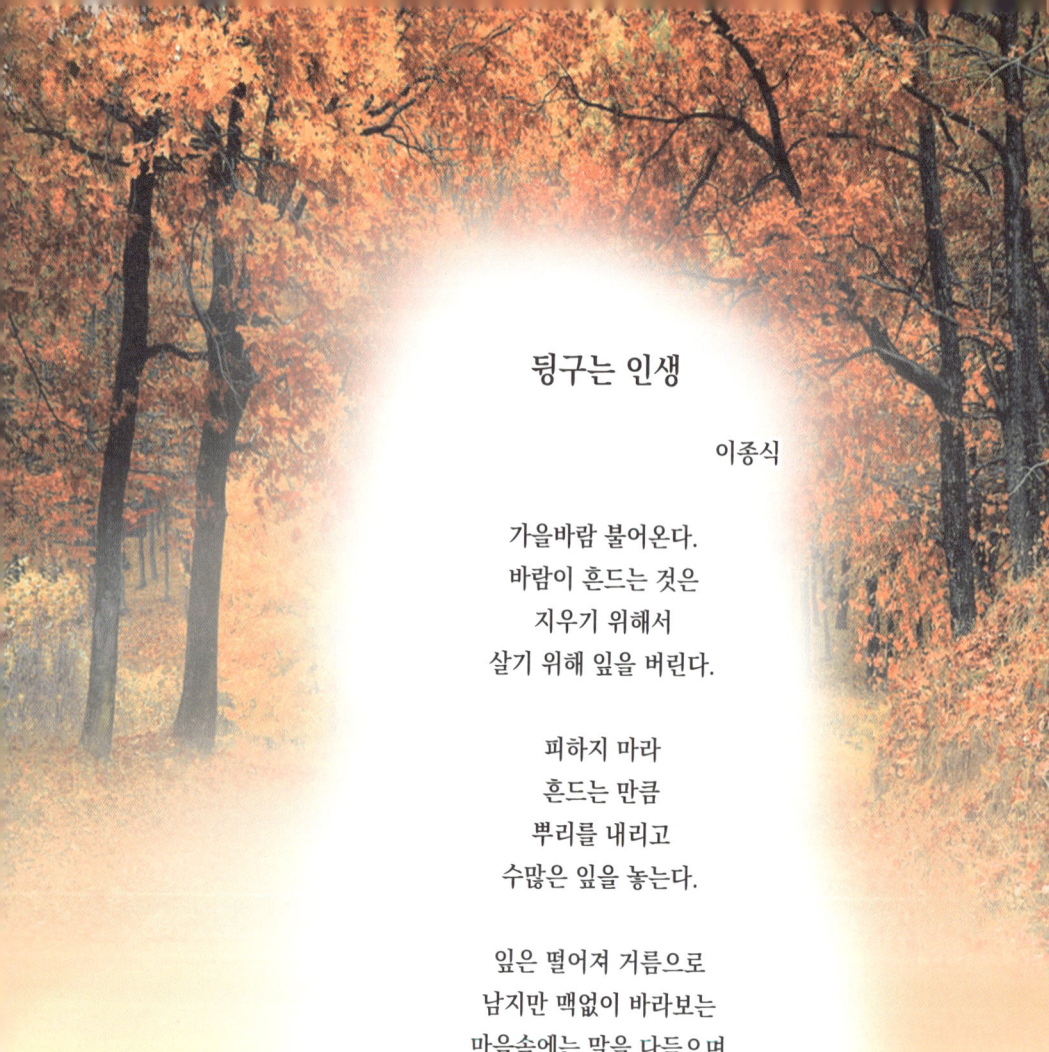

뒹구는 인생

이종식

가을바람 불어온다.
바람이 흔드는 것은
지우기 위해서
살기 위해 잎을 버린다.

피하지 마라
흔드는 만큼
뿌리를 내리고
수많은 잎을 놓는다.

잎은 떨어져 거름으로
남지만 맥없이 바라보는
마음속에는 말을 다듬으며
솟아오를 그날을 그린다.

바람이 권력이면
줄기는 땅덩어리요
잎은 백성이라
뒹구는 낙엽이니

푸른 젊음과
큰 꿈을 가슴에 앉고
노랗게 물들어 오는
낙엽 지는 길을 걷는다.

하얀 목련화

이종식

나의 사랑 하얀 목련
보고픈 님 불러요

아스라한 달무리 부여잡고
애타도록 불러요

꽃잎이 그렁그렁한 눈물로
목 축이고 불러요

나의 사랑 목련
그리운 님 불러요

하얀 미소 꽃잎 되어 날아오네
골 깊은 가슴속에 쌓여만 가네

이종식
샘터문학 신인문학상 수상/2회 시부분 문학상 수상
한국문인 그룹 회원/대한시문학협회 이사

촛농으로 흐르다

이진기

너가 떠나간
너를 떠나 보내지 못한
너의 빈 자리에 앉아
너를 바라보며

진한 그리움으로
소통이 없는
철창 밖 세상과의 이별을 하며
영어囹圄의몸으로 갇히운 나

너에 대한 깊은 열정
촛농으로 흘러내리는 아픔도
밝은 불꽃 되어 피어나니

검은빛 심연은
상상 속 그리움 너울대는
나만의 행복이어라

묵시록 (죽은 영혼과의 만남)

이진기

나
저기 누워있는
이들을 본다.
그러나 보이지 않는다.

바람이 일고 대지가 진동한다.
오색영롱한 형체 없는 빛의 향연이다

표현할 수 없는 빛 한 줄기 나를 휘감는다.
그 빛의 영혼 나에게 눈을 뜨라 한다.

아
자유다
기쁨이다
내가 살아 있음이 아니라
저기 누워있는 이들의 모습이다

오.
어리석은 인생이여
살아서 살아 있음이 아니고
죽어서 영원히 살아 있음을
이제 알겠는가?

그 빛의 영혼은 다시 말한다.
버려라
껍질을 벗어라
한 줄기 강한 빛이 되어라

혼돈이다
희망이다
다시 태어나는 순간이다

(공원묘지에서)

이진기
대한문학세계 시부문 등단
(사) 창작문학예술인협의회 정회원/대한시문학협회 시화 위원장
저서 :「또 다른 여행-1집」「또 다른 여행-2집」「바람이 나를 스쳐도」

떨림, 그리고 울림

이진기

봄을 알리는
그윽한 향기
어디론가 흩어져 날리고

꼭대기 가지에 메어 달린
맵고 스산한 바람은
가던 길 멈추고
쉬어 가려나

진줏빛 하얀 목련
꽃비 되어 내려온 들

무색무취無色無臭
무념무상無念無想이
아니던가

투명함으로 젖어드는
희로애락의 감정들

떨림이 없으니 울림도 없다

참된 평안함이
오롯이 차오른다

그 이름만 부르네

이현

어느 날 가을바람처럼
소리 없이 다가온 그대

설레임으로
환한 빛으로
사랑의 노래로
기쁨의 춤을 추었네

어느 날 홀연히 사라진
그 언덕에서
찬란한 기억은 사라지고
깊은 슬픔
눈물만이 흐르네

광야에 홀로 남겨진 아픔
니의 침묵 앞에
오늘도 그대를 향한 그리움으로
갈망으로
그 이름만 부르네

나 이제 그대의 꿈이 되어
호흡이 되어
노래하리니
그 이름만 부르며
생명 되어 날아오르리.

이현
대한시문학협회 공연기획 위원

매화 생명의 꽃

이현

추운 겨울 매서운 바람에
흔들리지 않는 고귀함으로
다가온 꽃

수줍은 듯 말고 영롱한
꽃망울에 마음은 흔들리고

그 고운 자태의 아름다움
그 앞에 서면
갈 곳 없는 바람도 따스하여라

몸과 마음이 어긋나는
세상의 길

모진 풍파 이겨낸
상처와 고난의 길을 이겨낸
숭고한 생명의 꽃이여

순결의 아름다움으로
거룩함으로
꽃피우리라

고귀한 숨결이여
심장의 울림이여

흩날리는 바람 되어
날아오르리

생명의 꽃으로
안기 우리라

반추反芻

이현수

급히 스쳐 지난 꿈같은 하루가 어질하다

어느덧 해지고 다시 돌아온 밤

누군가 가을의 완성은 반추라 했다

걸어온 길 살며시 되돌아보며

내 삶은 어디로 가고 있는지를 묻고 싶은 시간

후두둑 가을비 소리에

가로수 잎들이 노랗게 흩어져 내려앉았다

세상 가장 낮은 곳에서

가장 아름답게 지는 낙엽의 존재

나도 너처럼 좀 더 낮은 자세로 무릎 꿇고

지난 삶을 반추해 보고픈 그런 밤이다

광채

이현수

눈 떠보면 바뀌어있는 놀라운 아름다움
꽃은 없어도 바람이 좋고
오랜 세월 정화의 시간을 견디어 낸
계곡은 허예도
햇살은 수정처럼 눈부시다

아름다운 것은
어느 한 계절에만 머물러있는 것이 아니라
아주 먼 과거로부터
오랜 세월 견뎌온 인내의 산물産物이다

오늘따라 오랜 과거를 버티어내신
늙은 어머니의 주름 깊은 얼굴에
눈부심이 스며든다
살짝 고개 드신 노모의 모습에 비치는 광채

아, 눈부시다

이현수
2011. 한국문단 낭만시인 공모전으로 등단 (최우수)/2012. 창조문학신문 신춘문예(시조부문) 당선 /2017 월간시인마을 문학상 대상 수상
(사)한국현대시인협회 정회원/대한시문학협회 회원
〈시집〉「한 걸음 뒤에 서서」「떠나가는 모든 것은 추억이다」
월간 시인마을 동인/시인들의 산책 동인/월간 한국문단/계간 한양문학/
계간 한국신춘문예 외 다수

목련

이현수

유난히 길었던 겨울 지나고
오지 않을 것 같던 봄을 기다리며
목련이 자리하고 있는 집 앞마당을
한참 동안 어슬렁거려보았다

성급한 기다림을 아는지
우수 지난 봄바람에 흔들리던 가지는
마음 환해질 만큼
숨 막히는 하얀 꽃잎을 내어 놓았다

켜켜이 쌓여진 시간동안
세월의 아픔을 품고 피워낸
봄의 기다림
드디어 목련이 종지부를 찍었다

노을녘의 강가

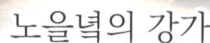

기러기 떼가
삼각 군무를 이루며
잔물결 일렁이는
붉은 강물 위를 수놓고

강변 언덕배기
눈 쌓인 노송 아래서 듣는
애련의 비파는
빛과 어둠의 의미를
성찰케 하는 신비를
듬뿍 머금고 있어
우아한 환상이 흐른다

가을날의 강가
잠기는 상념은
일엽편주처럼
위태로운 삶 속에서도

주어진 것으로 자족하며
사람의 외모에 연연치 않고
순전한 영혼을 품을 수 있는
뜨거운 가슴은
잔잔하게 흐르는 강물처럼
성스럼의 정점에서
환희의 영가가 되어 흐른다

하늘로 향한 길

임동일

오늘도 하룻길
나그네 인생 길목에서
하늘로 난 길을 본다

그 길은 산을 안고 강을 거느리며
하늘을 이고 있으며
지혜롭게 감싸는 산과
명철로 다듬는 강을 아우르는
참사랑이 놓여있는
길이요 진리요 생명인 것을

오늘도 자아를 성찰하며
모든 것을 내 탓(메아쿨파)으로 여기며
돌아온 탕자의 고백처럼 처절한 삶
거리의 먼지를 뒤집어쓴 존재
그 외로움의 길목에서
설움과 눈물로 자각한
나그네의 참회는
영혼의 등불이 밝혀진 길을
구도자의 낮은 자세로
산수에 젖으며
그분과 동행하며 오른다

가을에 피는 꽃

장달식

성급함을 이기지 못하고 눈발이 날리는 오후에
갑자기 피어나는 산수유처럼
뜨거운 열정을 가진 것은 아니기에
어딘가에 숨어 있던 그대.

거센 열기를 담아내어
맑은 물을 빨갛게 변화시키고자 하는 수박처럼
큰 덩치의 과일을 익혀보려는
야망을 가진 것이 아니기에
잎사귀 뒤에서 작은 소리로 말하던 그대.

망설임 없이
잉잉거리는 벌들의 봄 축제도 그냥 보내고
마지막이라고 외치는 매미의 외침도 뒤로하더니
더위가 한바탕의 소나기에 몸을 비트는 오늘
조용히 얼굴을 내미는 그대.

하늘의 온기가 주어지는 날들을 계수하며
내일을 위한 열매를 남기기엔 여유가 있고
아직도 깊고 진한 향을 만들어 갈 수 있다며
내 얼굴을 바라보는 그대.

먹음직한 과일은 주지 못하고
작은 꽃잎으로 모양을 내고 있지만
깊은 생각을 가슴에 품고
다가올 겨울을 같이 견디어 보자며
미소 짓는 그대가 나는 좋다.

살아 있음의 색채

장달식

오늘도
싱그럽고 연한 초여름 빛깔로
살아있음의 한 조각을
색칠하게 하소서

넉넉하고 감미로운 플룻 소리로
살아있음의 한 소절을
노래하게 하소서

잘 익은 열무김치의 칼칼한 맛으로
살아있음의 한순간을
음미하게 하소서

가슴을 흔드는 하늘의 기운으로
살아있음의 한 길목을
채우게 하소서

하여,
인생의 흐름이 다 끝나기 전에
당신 앞에 서 있는
이 한 있음이
살아있음의 찬연한 색채 속에
넉넉히 젖게 하소서.

장달식
시인, 작곡가
(사)대한시문학협회 부회장
시집 「카이로스」1988, 글모음),
　　「크로노스는 카이로스를 이기지 못하고」(2004, 그림과 책)

하얀 목련은 밤사이 피어나고

장달식

씨앗이라고 했다,
혹독한 겨울의 추위 속에서
하얀 눈물로 밤을 지새우던
그 시간대를 견디기 위해
백만 번 마음속에 그려본 것을.

새싹이라고 했다,
기다림의 연속 속에서
절망과 희망의 끝이 없을 듯하던
변주곡 속에 다가온
아직은 희미한 그림자를.

줄기라고 했다,
꽃봉오리가 이내 터지고
하얀 꽃잎이 피어나리라고
속절없이 버티며 기다린 것을.

꽃이라고 했다,
하얀 목련의 꽃잎 하나만으로도
새로운 세상을 열 수 있다는
거짓이 없는 무한한 확신을.

열매라고 했다,
갑자기 찾아온 봄기운에
하얀 목련은 밤사이 피어나고
그 추운 겨울의 기억은
안개인 양 사라져 간 것을.

봄비

전선경

밤사이
마음샘에 고인 눈물
문을 두드리니

길목에
넘어진 채

봄 길을
닦아주오

가슴에서 후두둑 떨어지는
시가 되어

수제비 뜨는 여자

전선경

질편한 반죽을 뭉쳐서
손끝의 촉감으로 버무르고
볼 돌려가며 그리움을 치댄다

시간의 각을 뜨고
희미한 기억 같은 물을 묻혀가며
얇게 수제비를 뜬다
엄마처럼

제 무게에 가라앉지만
끓으며 떠오르는 수제비

말랑한 햇살 한 덩이
꼭꼭 씹는다

전선경
문학일보 신춘문예 시조부문 당선 (2013년)
기독교문예(한국기독교작가협회) 시부문 신인 작품상 (2013년)
월간《창조문예》동시부문 신인 작품상 (2014년)
한국문인협회 회원/대한시문학협회 회원

봄까치꽃

전선경

봄의 씨앗 떨구는 까치의 지저귐이
창가에 여물고

사람이 보고 싶어 지천에 고개 든
봄까치꽃의 속삭임
가던 길을 멈추게 한다

일정보다 빠른
예기치 않은 방문은
이벤트가 된다

지쳤을 때 얼굴을 보자고
작은 얼굴 내민다

공사현장에도 봄은 오고
새들은 지저귄다

봄꽃의 날갯짓 훨훨

꽃 별

전위영

새벽 별 마주 보며

이슬에 맺히다

꽃별로 모두 피어

향기로 인사하고

밤에는 하늘별과 마주 보며

별꽃 되어 웃는구나

때가 되어질 때도

꽃별 되어 인사하네

기다리는 봄

전위영

산수유 봄 알리면
진달래 힘 모아 연분홍 아롱거리고
개나리 질세라 아기 꽃 줄지어 노랗게 늘어진다

사과밭 지나다 보면
양살구 자두 꽃 먼저 피고
뒤따라 사과 복숭아꽃이 향기 가득 넘친다

찬 겨울 앙상한 나무
이 밤 지나면 저 나뭇가지에
꽃 피고 잎 피겠지

봄을 기다리는 하루가 지난다

恩松 전위영
(사)한국문인협회 회원 및 홍성군지부 회원/대한시문학협회 홍성군 지회장/(사)한국시조사랑
시인협회 회원/시인들의샘터문학 자문위원/바람머문자리 고문

아침 햇살

정석철

아침 창가에 내리는 햇살이
빛을 뿌리고 있다

나의 방을 온통 황금빛으로
물들이니
님의 곁으로 달려간다

저마다 삶의 터전을 향하여
하루를 뿌리내리고
향기 있는 삶을 살고 있다

난 우두커니 남의 삶을 보며
또한 나의 삶을 비춰본다
내가 가야 할 길이 어딘지
빛으로 그려본다

하루를 소중히 여기고
계단처럼 오르다 보면
보석처럼 빛나는 날이 오리라.

임을 그리며

정석철

지금 날 사랑하는 님은
나를 꼭 안아주고
모든 것을 이해하며
아픈 마음을 어루만져 주고
고통을 보듬어 주는 자이다

임의 맑은 눈동자를 그리면
내 마음은 옹달샘의 사슴과 같다
임을 통해 나를 찾으며
나를 통해 님을 찾는다

오늘도 임에게 손짓하며
마음의 글을 임에게 띄운다.

정석철
대한시문학협회 회원

영흥도에 와서

정유광

내 마음 수평선을 고깃배가 긋고 와서
날개 접은 갈매기들 누군가를 기다리고
포구에 멍텅구리배 바닷길을 지킨다

바람을 앞세우고 얼마나 더 걸었을까
발길이 머무는 곳 끝도 시작도 없는 나날
푸르른 한그루 소나무 눈 비비고 서 있다

가느다란 햇볕에 마음이 더 허전해진
서쪽 하늘 타는 노을 팽팽하게 잡아당겨
어둠이 데리러 올 때 해안선을 끌고 온다

정유광
2015년 제11회「국제문학」시 부문 신인 작가상 수상/2017년 국제문학상 수상/2017년 해남 문인협회 주관 제10회 전국시조 백일장 대상 수상/2018년 대한교육신문 대한교육문학상 시조 부문 대상 수상/2018년 시조시학 신인상 수상/ 2018년 수원문인협회 수원문학인상 수상
시조집 : 가슴에 품은 꽃
대한시문학협회 회원/수원문인협회 부회장

화려한 외출

조남현

애마에 자식들 가득 실고
남쪽 나라로 달려간다네

희로애락 고통 속에
가슴으로 낳은 자식들...

사각의 이쁜 옷 입혀서
자식 자랑 팔불출 되어도 좋아라

자식들은 세상 구경
어미는 눈물의 축제 날

어느 화가의 개인전
세상에서 가장 화려한 외출

가는 년 오는 년

조남현

365일 사랑에 빠져
죽네 사네

웬수 같은 년
간다 하니 속이 후련해라!

새 년이 온다기에
어떤 년인가?

두우리뭉실 토실토실
후덕하게 생긴 년!

일단 맘고생 몸 고생 안시킬
무탈할 새 년인지라

님 반기듯 버선 발로 뛰어나가니
새 년이 뛰어와 내 품에 안기네

시재 조남현
화가(개인전 20회)/전위예술가/시인
대한시문학협회 공연기획위원

석 류

조달호

긴 긴 여름날
햇살을 끌어모아
몸단장에 바쁘더니
가슴속에 알알이
사모의 정 담았구나

그립다 말 못 하고
애간장만 태우다가
한날에는 가슴 찢겨
빨간 눈물 떨군다.

아버지

조달호

훠이..훠이...
새벽 잠결에 들려오는 소리

긴 장대에
천을 주렁주렁 매달고
앞 들판에서 새를 쫓던
어머니의 목소리였었다.

지금은
새들도 없는
어둠 속 빈 들판에서
훠이,,훠이..
새 쫓는 소리 들려오면

오늘 밤도 아버지는
목울음 삼키고 포효하시듯
새 떼 가 아닌
돌아가신 어머니에 대한
그리움을 쫓고 계신 것이다.

조달호
충북 옥천출생/인천 연수구 연수동 거주
2003년 5월 문예사조 시 등단
세계시 문학협회 정회원/한국 문인협회 시분과 정회원/대한시문학협회 회원
한국시 대사전 다편수록

손톱

조영미

저물어 가는 바다
저편에는
새초롬히 뜨는 것이
있다
느리고 더디오며
기다림은 긴 침묵

하얗게 한여름 밤
비우고 나니
푸른 별 가득
은하수 흐르고

침만 꼴깍 삼키며
불멸의 하얀 문신
물어뜯은 손톱
서서히 떠오르는
초생달
구름에 가려 외롭다

조영미
대한시문학협회 회원

시가 있는 아침

차용국

벗님들 아침 식탁에 시 한 상을 차려서
따뜻한 삶의 향기를 맛보실 수 있도록
정성껏 매일 메일로 시 한 편을 보내요

우리가 사는 세상이 너무너무 바빠도
벗님들 삶의 바다가 행복할 수 있도록
아침에 차 한잔하며 시 한 편을 보세요

때로는 어설픈 찬이 부족하다 싶으면
말없이 슬쩍 옆으로 밀어놓고 가세요
다음엔 좋은 재료로 입맛 찾아 드릴게요

삶을 위로하라

차용국

해변을 달리는 바람을 맞으며
삶은 푸른 바닷물에 눈을 씻고
흰 구름을 담는다
파도가 쓸어간 갯벌은
비우고 또 비우니 오히려 싱그럽다

바다 저편으로 떨어지는 해
하늘과 바다를 삼키며 노을을 펼치면
삶은 산봉우리에 걸터앉아
부은 다리를 주무르며
쉼터를 찾는다

그래, 우리도 우리들의 쉼터로 가자
가서, 떨어지는 해를 붙들고
지나온 일들을 토로하라
저 구름이 다 불타도록
삶을 위로하라

차용국
도전한국인 문화예술지도자 대상/서울시의회 의장 문학인 공로 표창장/문학신문 신춘문예문학상/대한교육신문 대한교육문학상/새한일보 문학공모대전 우수상/시인들의 샘터문학 최우수상/별빛 문학상/열린 동해문학 작가문학상/별빛문학(시조)/한양문학(시), 시인들의 샘터문학(수필) 신인문학상
시집『삶의 빛을 찾아』
대한시문학협회 회원

눈과 인연

천영필

첫눈 내리는 노고산을 올라

눈을 얕보다 오르고 내리는 길을

설설 헤매게 되었네

길 잃은 한 여인과 두 손잡고 조심조심

내려오게 하더니

푸근한 백설 속에서 만난 인연
두 눈 맞게 되어 사랑을 소록소록 키웠다네

빌빌대다 벌벌대다

천영필

빌빌대며
객지에서 반평생을 살아온 내가
벌벌대며
조상님 유택을 벌초한다
한 뼘씩 걸어 들어가며 갈 저녁을 마주한다
어둠이 내리는 산등 넘어 묵정 밭둑가에 서서 지나온 시간을 묵념하며 기도
드린다

아직은 만월이 오르려면 한 식경 기다려야 하지만
내 가슴은 이미 휘영청 밝은 보름달을 안았다
집으로 가는 능선 길을 접어드니
귀뚜리 소리가 안내하듯 요란히 맞는다

소슬바람 시원스레 날 감싸 안고 춤추듯 가니
부러울 것 없는 포근한 어둠이 다가온다

곧 달이 오를 기미다

우천 천영필
고려대 평생교육원 시창작과정 수료
한국스토리문인협회 회원/우리시회원/문학공원 동인/신구에게 들려주는 시조 동인
대한시문학협회 회원
동인지 「여름의 반란」 「달큰한 감옥」 「구름의 집중력」 「노을빛 함께 단 둘이서」 「친구에게 들려주는 시조」

목련

최미란

봄빛 그리움 가득
인고의 아픔을 딛고
숨결처럼 곱게 피어난
순백의 꽃망울
고운 빛 머금어 여리고
수줍은 여인처럼
소박한 사랑으로
살포시 꽃잎을 터트린다

잠시 머물다 가는 아쉬움에
깊은 눈빛을 보내면
가슴 시린 이별이
하늘에 닿는다

최미란
충북 진천출생
현 사)한국문인협회 수원지부 회원
계간 수원문학 활동
시집 「마음시선」 「그땐 몰랐다」
2017년 버스 정류장 인문학글판 창작시 선정

마지막 눈물

최성애

그저,
지나가는 객인 줄 알았는데
얼떨결에 마주한 눈빛이
수줍게 가슴에 담기던 날

긴 밤을 하얗게 지새우는
멜로디가 되었고

서툴기만 하던 고백
허공에 떠 있는 그 눈동자 속에
내가, 내가 들어있었다

안타까운 눈동자 뒤로
비추어지는 마른 그림자의
마지막 눈물이 너와 나, 이기를

구겨진 추억을 파면서

최성애

포도송이처럼 알알이
옹이 된 흔적 묻어두고 떠나는
수줍던 하얀 미소의 여인
세월의 사진 속으로 스며들었다

바람이 불러주는 이름 석 자
낯선 새가 지저귀는 듯하고
시간이 시간을 지우며
미처 다 피지도 못한 꽃 한 송이
뒹구는 낙엽 되어 흐르고

서먹해진 세월 앞에
이름 없는 들풀로
피었다 지는 것과 무엇이 다를까

산 너머에서 보내온
바람의 꽃향기만 곁을 지키고 있다

화필(花苾) 최성애
미국 텍사스 거주
대한 문학세계 신인문학상 수상/한국다선예술인협회 제2회 초대시화전 초대작가/한국다선문인협회 다선문학상 금상
사)한겨레문협 미주지부 회장/한양문인회 이사/대한시문학협회 회원

수평선 등대

최은희

수평선 활을 당겨 튕겼다 떠오른 날

등댓불 꼭대기에 좌상 중하고 앉아

자식을

품은 듯 잡아

온세상을 비추네

최은희
대한시문학협회 회원

꽃샘바람

최인식

꽃샘바람
긴 밤 자리하던 어둠을 뚫고
속세의 묵은 때를 씻어내린 듯
잔잔한 대양大洋 위에
영롱한 너울을 일으키며 달음질한다

꽃샘바람
겨우내 창가에 기생하던 얼음 발 녹이고
가슴속 깊은 생명의 샘터를 일깨워
개나리 진달래 소식을 실어 전傳하니
게으름과 나태함이 뒷걸음질한다

꽃샘바람
희망과 소망, 그리움과 연정,
화해와 평화를 자극하여
시름과 고난을 제 고향으로 돌려보내고
사랑의 싹을 틔워 영광榮光의 꽃피운다

꽃샘바람
겨울나기 얼어붙은 심장을 깨우고
권태와 나태의 허망한 틀에서 벗어나
새파란 들녘에 아지랑이 피어오르듯
성장의 나래를 하늘 높이 펼치게 한다

솔가람 최인식
한국문학정신 시부문 신인문학상 수상, 들뫼문학동인
저서 「외침」
대한시문학협회 회원

이 명

추원호

내 귀에 누군가 매미를 심어 놓았다

내 의식이 귀에 파고들면
매미가 더 윙윙거린다

여름 내내 폭염 속에서도
그 어두운 음지 속에서도
잘 버티었나 보다

서늘한 가을이 익어가도
지칠 줄 모르고 매미는
울부짖는다

먹을 것도 없었을 텐데
굶어 죽지는 않았나 보다

가끔 나의 속삭임도
사랑하는 님의 목소리도
슬그머니 엿듣는가 보다

몸이 철갑옷에 감길 때에
귓속의 매미소리는
더 소동을 일으킨다

긴 시간 매미와 동거함에
이젠 매미소리도 무덤덤 해진다

곧 추운 겨울이 오면
덮어 줄 이불도 없으니
저 홀로 떠나겠지

오늘도 귓속엔
매미소리가 춤을 춘다.

토종 계란

추원호

눈 쌓인 산 골짝
완자살 문틈으로
아침 햇살 스며올 때

마당 맞은편 헛간에서
암탉의 퍼덕대는
몸부림 소리와 함께
울음소리가 들린다

이른 아침 이맘때면
부엌에서 일하시던 할머니
눈 쌓인 넓은 마당 가로질러
땔감나무 가득한 헛간에서
달걀 몇 개 들고 나오신다

따뜻한 체온을 지닌
잘생긴 달걀 하나
입 벌린 아랫니에 턱 깨뜨려
구멍 내어 빨아본다

따뜻한 노란 체액은
미끄러지듯
혀끝으로 스며든다.
꿀꺽!!!

제당 추원호
서예전 다수
서예대전 및 서예대전 다수 수상
전북 미술대전, 전국 온고을미술대전, 전국 서화백일장전 초대작가/진안군 향토작가
대한시문학협회 사무총장

목련꽃

                        추원호

겨우내 솜털 이불속
포근히 잠자던 목련
누가 북향 꽃이라 했나

땅기운 오르고
따뜻해지는 4월 되면
메마른 가지 끝
하얀 꽃이 하늘 향해 나온다

간들거리는 가지 끝
피어나는 목련꽃
먹이 물고 온 어미 새 바라보며
목덜미 힘주고 요란 떠는
새끼들의 입 모양 같다

봄기운 가득한 허공에서
하얀 소복 입은 여인들
북쪽 어느 왕을 그리는
공주들의 마음일까

차가운 봄바람에
일제히 낙화하는
여인들의 헌신 뒤에
삶을 대신할
생명 잎이 돋아난다.

가을

한병옥

가을은 그리움이다

날이 깊을수록

오지 않을 그리움은 더하여

푸른 잎 붉게 슬프다

긴 갈바람 지나고 나면

온갖 상처투성이인 것을

왜 이리 그리움은

사랑을 간구하는가.

세월은 나를 흔들고

한병옥

저 하늘 비바람에 먹구름 몰려오면
투두둣 떨어지는 빗방울 소리
쏴 젖어 드는 그리움 소리
창가에 아른거리는 붉은 불빛이
내 마음을 흔든다

밤이면 그리움이란 줄을 타는
소나타 노래
베토벤 슈베르트
요한 슈트라우스는
나의 손을 잡고 봄에 왈츠를 춘다

그리고 가을이면
계절은 나의 가슴을 터트리고
세월은 산모퉁이 돌아
오가기를 여러 해

미끄러지는 소나기 소리

그대는 누구인가

밤새 흔들리는 창가에서
시간은 나를 유혹하고
세월은 내 곁에서 끝없이 끝없이 흘러
비 오는 날 창가에 서서
아른거리는 빗방울을 바라본다.

한병옥
대한시문학협회 회원

고향이라

한웅구

차령산맥 발 언저리
바위에 각인된 맷돌이 들녘의 쑥을 갈아
씁쓸히 상처 난 옛 터를
풀 향기로 돌돌 매만지던 곳,

넓은 들 잘 정리된 밥상 위에
삐쭉삐쭉 꼽사리 낀 성가신 피사리로
새참마저 잊은 채 한나절 쌓인 피곤을
잠시 누이며 위로받던 곳,

개울물에 미역 감다
파랗게 질려버린 냉랭한 뱃가죽을
한나절 달궈진 바위에 덥석 지지던
불알친구와 아련한 추억이 깃든 곳,

어린 누이 참빗 가득 긴 머리 훑어
따다닥 지난밤 괴롭혔던
용서할 수 없는 가려움의 몸통을 따
하늘로 통쾌히 이사 보낸 곳,

아랫목 이불 속 묻어 둔 밥그릇
아비의 곤한 손에 들린 곰방대 타고
가마솥 온기를 퍼 올려
구수히 코끝을 배불리 채우고
꾸벅꾸벅 괜찮다 선잠 들던
기억 저 언저리
너와 나 삶과 꿈이 자란 곳

감기

한웅구

신체의 시계 계절을 착각해
정신 줄 놓은 날
나 그댈 만났다

만나지 말았어야 할 당신
끈질긴 짝사랑 덕에
병원 치료조차 소용없고
아무리 달래도
밤낮 가리지 않고 달라붙어
끈덕지게 흐느끼고
쉴 새 없이 터지는
지독한 사랑은
내 몸에 깊고도 진한
열꽃을 피웠지

언제쯤 떨쳐지려나
가을을 통째로 삼켜버린
질긴 사랑이여

한웅구
경기도 안성시 출신
"월간 한국문단" 낭만시인 공모전 당선 등단
"희망의 시인세상" 동인/대한시문학협회 회원

절제된 아름다움으로

허신행

뜨물 같은 뜬구름들 사이로
눈이 시리도록
화사한 하늘의 빛을 머금고 있는 목련은
따사로운 풍욕을 즐기며
뽀얀 속살을 살포시 드러내고파
뽀송뽀송 몽우리 털들을 뜸 들인 체
춘삼월에 온다던 봄 도령을 기다린다

부서져 내리던 해는 하루를 지키다가
뉘엿뉘엿 쓰러지고 나면
어스름 달빛 비출 때
가지 눈마다 솟은 몽우리들은
살바람을 안고서
3월의 크리스마스 장식으로 그들만의 잔치를 준비한다

긴긴 잠에서 깨어나
찰나의 순간을
절제된 아름다움으로 간직하다가
소담스럽고 두툼한 자태로 함박꽃이 되어
고귀함과 순박한 모습으로
세월이 준 여정 속에 묵묵히 길목을 서성인다.

허신행
1960년생
중앙대학교 졸업
1983년 대학로 상록수 등단
 대한교육신문 시 부문 우수상 수상 외 다수
시집 「새벽닭」,「흔적」,「시국」등
대한시문학협회 회원

새로운 도전

홍영순

살다 보면 누구나 한 번쯤 넘어집니다

그러나 어떻게
일어나느냐에 따라서
당신의 인생은 달라집니다

숨이 멈출 것 같은 순간에도
죽을 만큼 힘든 상황에서도
희망이라는 길이 있습니다

보십시오, 여기에
아무 일 없는 듯 툭툭 털고 일어나
새롭게 도전하는 사람이 있습니다

그건 그건 바로 당신입니다

고향의 단상

홍영순

이른 봄 되면
진해라는 이름보다
군항제로 더 알려진 내 고향
연분홍 하늘로 곱게 치장을 한다

전교생이 등불 들고
시가행진하던 학창시절
해군 군악 페스티벌과
불꽃놀이로 전야제를 알린다

등굣길 꽃비 맞으며
수없이 건넜던 여좌천 로망스
드라마 배경으로
연인들 끝없이 이어지고

달리는 차 창문
가슴 설레이는 경화역엔
달빛 추억 머금고
향기로운 봄에 서정을 만든다

오늘 홍영순
대한민국 문학공모대전 위원장상 수상
저서「절망 속에서 희망을 품다」「아이들 잘 키우는 것이 돈 버는 것이다」
공저「대한민국 성공인」
대한시문학협회 재무관리국장

가을꽃

홍일권

가을꽃이
미소를 머금는다

가을꽃은
결이 보드랍고 아름답다

아침 이슬방울이 스며들어
피는 꽃이라

한들 바람에 흔들리며
피는 꽃이라

파란 하늘에
맑은 산소를 머금은 꽃이라

은은한 밤하늘에
별빛 향수에 젖은 꽃이라

흔들흔들 가을꽃
넌 정말 예쁘도다

더 향기로운 모습으로
이 가을을 빛내리

밤하늘에

홍일권

조그만 시골 동네
밤하늘에
멋진 무대가 펼쳐졌다

하늘 마차가
별님을 싣고 와 여기저기
뿌려져 반짝반짝

너무 좋아 달님이
싱글벙글

동쪽 별님 윙크하니
서쪽 별님 반짝이고

은하수 쟁반 위에
춤을 추는 별똥들
떼구르르

눈 내린 가지에
소곤거리는
부엉이
부엉부엉

눈꽃 쌓인 장독대
숨바꼭질하는 고양이
야옹야옹

창문 틈으로
들어오는
밤하늘의 미소가
방긋방긋

홍일권
초록편지 대표/초록 네트워크 섬김이(13개 초록기관 설립자)
대한시문학협회 부회장
저서 36권

돌담길

홍일권

아침 이슬
촉촉한
돌담길에
작은 미소들
줄지어 걸어가고

엄마 소
아기 소
한가한 걸음
정겨움에 어그적 걷는다

엄마 소
빨리 와라 음머
송아지 알았다고 음머

엄마 소 아기 소
좋아라 음머
돌담들도
따라가고자 들썩인다.

2019년 시전문지 시인마을 시인문학상 및 문학상 공고

제6호 시전문지 시인마을 문학상 공모

대한시문학협회의 시전문지 시인마을 문학상을 공모합니다. 기성 시인들은 문학상에 응모하시고, 아직 등단하지 않은 문인들은 이번 기회에 응모해 등단하시기 바랍니다.
특집으로 꾸며지는 시와 사진에 응모하시는 시인들은 시 1편과 관련된 사진을 보내 주시기 바랍니다. 좋은 작품을 기대합니다.

■원고 마감: 2020년 3월 31일

■심사위원: 저명한 국문학자, 교수, 시인 5명

■보낼 것: 기성 시인 시 3편, 신인 문학상 응모자 시 5편(신인문학상 응모자는 '신인 문학상 응모'기재함.) 간단 프로필, 명함 사진, 주소, 핸드폰 번호, 이메일 주소.

■보낼 곳: desi1004@daum.net

■시상식: 추후 통보함

●대　　　상: 상금, 상패, 작가증, 시인마을 잡지
●최우수상: 상패, 작가증, 시인마을 잡지
●우　수 상: 상패, 작가증, 시인마을 잡지
●신인문학상: 상패, 작가증, 시인마을 잡지

▲연락처: 최성열 문학상 위원장
　　　　　홍일권 편집장 010 2879 7621
　　　　　추원호 사무총장 010 5283 5828

대한시문학협회 그룹: 시인마을
　　　　　　　　　　한국기독교시인협회
　　　　　　　　　　한국문단
　　　　　　　　　　시화전

대한시문학협회 조직 인사명

고 문	이 석
	김진태(모산)

회 장	유정미
	안희환

부회장	신동일
	홍일권
	장달식

		사무국	
이 사	김길수, 김민섭, 변현식, 김옥경, 이수만, 김광의, 홍만표, 이인자, 서윤택, 유관섭, 이우진, 이종식, 차용국, 구본성	사무총장	추원호
		사무국장	남석모, 김재호
		사무차장	유강산, 김주석
감 사	이병학, 오병태	편집국장	홍일권, 이연화
상임위원회	강신출/안창수, 한명구, 김기배	사회봉사국장	권영호
자문위원회	배명식/임선택, 윤화진, 이지형	영상홍보국장	백운수
운영위원회	김태공	재정관리국장	홍영순
대외협력위원회	류승현	해외지회	
공연기획위원회	김진상/조남현, 이현, 김승곤, 노민	워싱턴	이필립
경제발전위원회	유재청	뉴저지	이근식
언론홍보위원회	박종원/구충모	태국	우 선
해외교류위원회	김영관/ 김용연	전국지회	
시화전위원회	이진기	경기도지회장 (남양주)	조영미
시낭송위원회	엄경숙/고안나, 최은혜	경북지회장	조용석
문학상위원회	최성열/유정미, 안희환, 신동일, 배제형, 배대근, 장달식	경남지회장	이현수
		충남지회장 (홍성)	전위영
SNS 위원회	서윤택, 추원호, 이진기, 김재호, 김주석, 유재청, 이인자	제주도지회장	이명희

편집 후기

이연화/대한시문학협회 편집위원

봄이 오는 길목은 겨울과 봄 그 사이의 어정쩡한 혼돈으로 우리들은 언제나 겨울옷을 정리하여 옷장 깊숙이 넣었다가 투덜대며 다시 꺼내 입곤 한다.
아마도 봄을 기대하는 마음이 서둘러 겨울옷과 이별을 한 것일 거다.
하지만 그 혼돈 속에서도 자연은 질서 있게 봄을 맞이한다.
동백, 매화, 목련, 산수유와 개나리, 벚꽃과 진달래 등 많은 꽃들이 때를 기다려 피어난다. 꽃은 봄을 다스려 피어나고 인간은 그제서야 봄을 만난다.
하지만 75인의 시인들의 시를 읽고 시화 작업을 하는 동안 필자는 내내 따뜻하고 아름다운 봄 속에 있었다.
행복했다.
물론 글만으로도 충분히 아름다웠지만 글이 그림이나 사진과 함께 만나는 순간 고귀한 예술작품이 되었다.
예술은 장르는 다를지라도 그 목적은 하나이다.
아름다움을 표현하고 창조하여 하나의 산물을 만들어 내는 작업이다.
시와 그림이 만나, 시와 사진이 만나 감성이 더욱 풍부해지고 구체적으로 표현되었으며 아름다웠다.
이번 시화집을 위해 귀한 작품을 보내주신 75인의 시인들과 좋은 그림을 제공해 주신 안창수 화백, 배명식 화가, 백지희 화가, 현현순 화가, 김진태 사진작가, 백운수 사진작가님께도 감사의 말씀을 드린다.

표지 설명

◆앞표지: 다양한 시인들의 감성과 삶의 경험을 녹여낸 시인들의 얼굴
◆뒤표지: 힘차게 달려가는 말 그림처럼 대한시문학협회의 힘찬 도약과 시인들의
       정진과 건승을 기원

그림 : 안창수 화백님
서체 : 추원호 서예가

대한시문학협회 시화집 제1호

등록번호: 제016-000035호
발행일: 20190405
발행인: 유정미
편집장: 이연화
편집위원: 유정미
발행처: 대한시문학협회
이메일: desi1004@daum.net
펴낸곳: 살며 사랑하며
정가: 12,000원

대한시문학협회는 인지를 생략합니다.

이 도서의 국립중앙도서관 출판예정도서목록(CIP)은 서지정보유통지원시스템 홈페이지(http://seoji.nl.go.kr)와 국가자료공동목록시스템(http://www.no.go.kr/kolisnet)에서 이용하실 수 있습니다.(CIP제어번호:CIP2019010621)

ISBN 979-11-960770-5-1 [03810]
* 잘못된 책은 교환해드립니다.